숙성,
사랑으로 물든 시간

| 박숙성 지음 |

쿰란출판사

숙성, 사랑으로 물든 시간

1판 1쇄 인쇄 _ 2025년 11월 5일
1판 1쇄 발행 _ 2025년 11월 10일

지은이 _ 박숙성
펴낸이 _ 이형규
펴낸곳 _ 쿰란출판사

주소 _ 서울특별시 종로구 이화장길 6
편집부 _ 745-1007, 745-1301~2, 747-1212, 743-1300
영업부 _ 747-1004, FAX 745-8490
본사평생전화번호 _ 0502-756-1004
홈페이지 _ http://www.qumran.co.kr
E-mail _ qrbooks@daum.net / qrbooks@gmail.com
한글인터넷주소 _ 쿰란, 쿰란출판사
페이스북 _ www.facebook.com/qumranpeople
인스타그램 _ www.instagram.com/qrbooks
등록 _ 제1-670호(1988.2.27)
책임교열 _ 이주련·최진희

ⓒ 박숙성 2025 ISBN 979-11-24013-33-5 03230

책값은 뒤표지에 있습니다.
이 출판물은 저작권법에 의해 보호를 받는 저작물이므로 무단 복제할 수 없습니다.
파본(破本)은 구입처에서 교환해 드립니다.

숙성, 사랑으로 물든 시간

머리말

일상에서 따뜻한 사랑을 나눠본 적이 있나요?

하나님께서는 가끔 제 이름을 부르시면서 "숙성아! 내가 너를 사랑한다. 네가 나를 사랑하는 것도 알고 있어"라고 말씀하시곤 합니다.

오늘 아침에도 하나님께서는 "숙성아~"라고 부르셨습니다. 하나님께서 부르시는 "숙성아~"는 언제나 다정하고 감미로운 음성으로 제가 어떠한 상황에 놓여 있을지라도 평안함을 갖게 합니다.

노트에 글을 쓸 때나 답답하여 기도할 때도 "숙성아~"라고 불러주시며 위로와 용기를 주십니다. 마음이 울적하고 힘들 때도, 감사와 기쁨으로 행복할 때도 하나님은 사랑스러운 자녀를 부르시듯 다정하게 불러주십니다.

저는 내 이름을 불러주시는 주님이 늘 함께해 주셔서 너무나 감사하고 행복합니다. 일상의 소소한 얘기를 글로 쓸 수 있게 된 것도 항상 "숙성아~" 하고 이름을 불러주신 주님께서 힘과 용기와 담대함을 주셨기 때문입니다.

　이 땅에서 연수를 다하고 천국에 이르렀을 때도 "숙성아~"라고 이름을 부르시면서 다정하고 반갑게 맞아주시기를 소망하며 살아가려고 합니다.

　제게는 고등학생 때부터 쓴 일기와 지금까지 쓰고 있는 노트가 있습니다. 기록만 하고 있었고 책을 내고 싶다는 꿈만 꾸고 있었는데, 2024년 2월부터 거의 매일 하나님께서는 책을 쓰는 것과 관련된 내용을 알려주셨습니다. 그래서 이것이 나의 생각인지, 하나님의 뜻인지를 수없이 묻던 중, 3월 어느 날 새벽기도 시간에 머뭇거리지 말고 책 쓰기를 시작하라고 또 말씀하셨습니다.

　그렇지만 선뜻 시작하지는 못하고 차일피일 지내다, 그날따라 세 번씩이나 책을 써보아야겠다는 결심이 앞서서 당장 첫 문장을 시작하는 용기를 냈습니다.

　글을 쓰기 시작하면서 생각하며 느꼈던 일상의 얘기를 책으로 출판한다는 것이 많은 부담으로 다가왔습니다. 그러나 삶의 모든 순간순간마다 부모님께서 누리셨던 것처럼 하나님의 따뜻한 사랑을 받은 자로서, 받은 그 사랑을 사랑하는 자녀들과 친지 그리고 이웃들에게 전하는 것, 주님 안에서 살아가는 나의 삶을 함께 나누는 것이 어쩌면 내게 주신 사명이 아닐까 하고 생각하게 되었습니다.

이것이 막혀 있던 통로가 열리듯이 책이 세상에 나오는 계기가 되었습니다. 너무나 평범한 삶이지만(사실 나는 평범한 삶을 목표로 삼고 있다) 늘 감사하고 지낸 터라 이럴 때 주어지는 평안의 삶이 어떤 것인지 함께 나누고 싶었습니다.

그렇게 해서 이제 더는 머뭇거리지 않고 그동안 준비된 노트의 내용을 정리하여 책을 쓰기 시작했습니다. 그리고 이렇게 기도했습니다.

주님!
너무나 미약하고 흠이 많은 인생입니다.
그저 도와주옵소서.
선하게 인도해 주옵소서.
책을 출간하게 된다면 무한 감사할 뿐입니다.
오로지 찬양과 영광을 하나님께 올려 드릴 뿐입니다.

책을 쓰도록 옆에서 항상 용기를 주고 격려해 준 가족들, 특히 아들 박한빈 감독에게 고마움을 전합니다. 바쁜 생활 중에도 조언해주고 교정을 도와준 언니 박현성 권사와 남편 박정호 장로, 사위, 딸, 며느리에게도 감사한 마음을 전합니다.

하나님의 사랑을 함께 나누도록 도와주신 쿰란출판사 이형규 장로님과 편집부 직원 여러분에게 진심으로 감사드립니다.

그리고 누구보다 주님께 감사드립니다. "숙성아~"라고 불러주신 주님의 사랑으로 오늘 이 책을 발간할 수 있었습니다. 에녹처럼 항상 하나님과 동행하고 하나님을 기쁘시게 하며 살아가리라 다짐해 봅니다.

주님, 사랑해요!

2025년 9월
주님 사랑에 감사하며
박숙성

목차

- 머리말 … 4

1부　지나온 나의 흔적

이름 12 / 채송화 16 / 방직 공작 19 / 편애 24 / 제자요, 동료인 선생님 28 / 상암 월드컵공원과 경기장 31 / 직업 34 / 커피가 주는 행복 37 / 큰 바위 얼굴 40 / 소풍 42 / 치아 44 / 노릇 46 / 반복의 당연성(예외의 필요성) 48 / 습관으로 52 / 약속 55 / 꿈이 있어서 좋아요! 59

2부　내 삶의 에너지, 가족

가정예배 66 / 나의 아버지 69 / 엄마의 눈망울 76 / 부모님의 신앙 80 / 동반자 88 / 시어머니는 95 / 동서들 98 / 나이 100 / 수정확대가족 103 / 난 사람, 된 사람 109 / 천천히, 천천히 112 / 남미 여행을 생각하며 117 / 노을은 120 / 놀이가 즐겁지?(놀이의 재발견) 124 / 양념 사랑 128

3부 딸아, 내가 너를 사랑한단다

My Soul Birthday 134 / 비전 139 / 수로보니게 여인의 믿음 143 / 암송에서 얻는 만족 146 / 예수를 믿는다는 것 148 / 주님의 시선 152 / 중보기도자 157 / 하나님의 손 161 / 흔적을 지닌 자 166 / 이정표 169 / 글을 쓴다는 것 173

4부 아직 끝나지 않은 노래

온실 178 / 상담자의 고충 181 / 세대로 이어지는 끈 185 / 꽃다운 노년 189 / 건강관리 196 / 개골개골 199 / 여고 동창생 203 / 헤어스타일 208 / 옥수수 211 / 배웅 214 / 무소유 217 / 파도 220 / 우리네 마음 224 / 인생의 12가지 법칙 226 / 사랑의 묘약 229 / 망설임 232 / 맛깔스러운 수필집 235 / 카페는 238 / 아들의 충고 242 / 들보와 티 246

1부

지나온
나의 흔적

이름

"여호와 하나님이 흙으로 각종 들짐승과 공중의 각종 새를 지으시고 아담이 무엇이라고 부르나 보시려고 그것들을 그에게로 이끌어 가시니 아담이 각 생물을 부르는 것이 곧 그 이름이 되었더라"(창 2:19).

어린 시절에는 이름에 대해 별 생각 없이 부모님과 선생님께서 부르시는 대로, 또 형제들과 친구들이 불러주는 대로 자연스럽게 응대하면서 지낸 것 같다. 그러나 중학교 1학년 사춘기를 맞이한 후 내 이름 석 자가 너무나 부끄러운 이름이 되어 버렸던 기억이 떠오른다. 나는 중학교 1학년생으로서는 신체적으로 꽤 성숙해 신장이 152cm, 체중이 44kg 정도가 되었다. 선생님들께서 자주 이름을 부르시며 예뻐해 주셔서 심부름 겸 교무실 출입도 빈번히 한 것 같다.

여러 과목 중 수학을 좋아해 수학 선생님의 심부름으로 교무실을 찾은 어느 날, 수학 선생님이 사랑스러운 제자에게 장난이라도 치듯 "숙성아! 너 참 숙성하구나!"라고 큰 소리로 말씀하셨다. 그 순간 쥐구멍에라도 들어가고 싶은 심정이 되었고, 부끄러운 마음으로 서둘러 교무실을 빠져나왔다. 그 이후로 수학 시간에 선생님을 쳐다보기가 부끄러웠고, 교무실 출입도 줄이게 되었다.

그때 '왜 우리 부모님은 내 이름을 숙성이라고 지어주셨을까?'라고 원망 아닌 원망을 하기도 했다. 당시 중학교 1학년생의 생각으로는 '숙성'이라는 의미가 '성숙하다' '충분히 익다' '체중적인 비만 상태' 등으로 느껴졌다. 사전적 의미로는 '충분히 익숙한 상태, 얌전하고 착한 성질'인데도 고등학생 때까지 이름에 대해 자신이 없었고 내 이름을 말하거나 부르는 것조차 싫었다.

이 시기에 지어진 이름은 대부분 혜경, 옥희, 순희, 희영, 경애, 혜정, 순자, 영자, 영애, 혜옥 등이었고, 주위에 '숙성'이라는 이름을 가진 사람은 한 사람도 없었다. 반면 '성숙'이라는 이름은 많았다. 더욱이 중·고등학교 시절에 체중이 점점 늘어나 나는 매사에 자신감이 없는 상태로 사춘기를 보냈다.

대학 시절 소개팅을 하러 나가 인사를 나누면서 이름을 말할 때도 조그만 소리로 말하였다. 그러나 이후 이름에 대해 좀더 진지하게 생각하며 한자 풀이를 해보았다. '맑을 숙(淑)'에 '이룰 성(成)' 즉 맑게 이룬다는 의미였다. 의미를 알고 나니 이름에 자신감이 생겼고 진작 뜻을 알지 못하고 지냈던 시간이 후회되기도 하였다. 이후에는 소개팅을 할 때도, 학교에서 발표를 할 때도 당당하고 분명한 어조로 이름 석 자를 말하는 습관이 생겼다. 또한 부모님께 너무 죄송한 마음이 들었고, 이름 풀이대로 '마지막까지 맑게 이루어가는 삶을 살리라'고 다짐하며 부모님께 평생 감사한 마음으로 효도하며 지내야겠다는 마음을 품게 되었다.

이후 교직에 있을 때도 결코 학생들의 이름을 함부로 평가하지 않았고, 이름을 소중히 하며 살아야 한다고 가르쳤다.
요즈음 길을 지나가다 주변을 둘러보면 '숙성○○', '○○숙성'이라는 간판들을 쉽게 접하게 된다. 많은 상품과 요리에도 '숙성'이라는 용어를 사용하는 것을 보면서, 내 이름을 아는 분들이 그런 것들을 접하며 나를 떠올릴 수도 있겠다는 생각에 이름답게 살아야겠다고 다짐하게 된다.

"아담이 각 생물을 부르는 것이 곧 그 이름이 되었더라"는 말씀처럼 부모님께서 기도하시면서 내 이름 '숙성'을 지어주셨음에 감사드린다. 하나님께서는 이름에 하나님의 뜻을 담아 아브람을 아브라함으로, 사래를 사라로, 야곱을 이스라엘로, 사울을 바울로 바꾸어주셨다.

앞으로 남은 인생을 하나님과 동행하며 하나님의 자녀로서 성숙한 그리스도인인 '숙성'으로, 부모님께서 지어주신 이름답게 '맑게 이루며 살아가리라'고 다짐해 본다.

채송화

장맛비 때문에 외출이 힘들 수 있겠다는 것은 그저 기우였을 뿐, 여름 장마 속에 개이고 흐린 날씨가 반복되는 즐거움을 만끽하며 하루를 멋지게 보낸 것 같다.

마음을 편히 나눌 수 있는 분들과 맛있는 음식을 먹고 모처럼 한가로이 근교에 나가 드라이브를 하며 지낸 하루였다. 한 분이 운전의 수고를 흔쾌히 해주신 덕분에 양평과 남양주를 다녀오면서 그간

의 인생사에 대한 많은 이야기꽃을 피웠지만, 들판과 길목에 보이는 알록달록한 들꽃들과는 비교할 수 없겠다는 생

각이 들었다.

　비가 개인 뒤라 청평댐 수위가 많이 높아진 상태였고, 나무들은 멋진 모습을 드러내며 흐드러지게 춤을 췄다. 모처럼 찾은 남양주에 있는 힐 하우스 정원을 거닐고 있으니, 세상 부러울 것이 없는 고즈넉한 한가로움이 느껴졌다. 곳곳에 다양한 종류의 꽃이 심겨 있었지만, 그중에서도 옛 추억을 돋우어주는 채송화가 눈에 띄었다.

　작은 키에 앙증스러운 모습으로 화단 맨 앞줄에 자리 잡고 있는 채송화는 오래전 우리 집 앞마당 제일 앞에도 매년 알록달록 자신의 예쁨을 자랑하듯 피어 있었다. 어머니께서 꽃과 나무를 좋아하셔서 석류나무, 감나무, 포도나무, 호박, 목단, 맨드라미, 사루비아, 분꽃, 나팔꽃, 국화, 채송화 등을 화단 가득히 가꾸셨기 때문이다. 이

런 많은 꽃과 나무는 매년 우리 가족의 눈을 즐겁게 해주었고, 철따라 과일을 따 먹는 즐거움까지 누리게 해주었다. 화단에는 어머니께서 좋아하시던 꽃들이 서로 아름다움을 자랑하듯 피어 있었고, 해마다 이 화단은 우리에게 행복을 주는 예쁜 꽃들의 향연장 같았다.

이곳저곳에서 자랑스레 뽐내는 꽃들의 사진을 찍다 보니 어머니를 연상케 해준 채송화를 비롯해 꽃들이 주는 기쁨에 푹 빠져 시간 가는 줄도 몰랐다. 머리를 땋은 소녀가 잔디에 엎드려 책을 읽는 동상은 마치 어릴 때 내 모습을 연상케 했다.

작은 꽃 채송화를 보며 어머니께서 환하게 웃음 지으시던 모습이 그려져 갑절의 기쁨을 느낀 시간이었다.

방직 공장

　1980년대에 1년 6개월 정도 노동부 산하 별정직 공무원으로 산업 상담원직에 종사한 적이 있었다. 부장님을 중심으로 세 명의 상담원이 민원실에 배치되어 근무하였는데, 상담을 통한 인생 수업과 함께 직장 동료로서의 친분을 돈독히 쌓으며 열심히 맡은 직임을 감당하였다.

　나의 역할은 노동부 근로기준법에 관한 전반적인 내용을 철저히 숙지하여 민원실에 찾아온 근로자들과 상담하는 일이었다. 상담자들의 문제가 잘 해결되는 경우는 뿌듯하였지만, 임금 체불로 인해 회사와 직접 문제를 해결하기 어렵다며 술을 드시고 와서 고래고래 소리치는 분들을 보면 지레 겁을 먹고 얼른 옆방에 계시는 부장님을 모시러 가곤 하였다.

부장님께서는 일 처리가 끝나면 상담원 세 명을 의자에 앉게 하시고 근로기준법에 있는 관련 법조항을 펼쳐 보이시면서 대처 방안을 말씀해 주셨다. 그리고 어느 정도 상담원 역할에 경험이 쌓이게 되니 공장과 회사를 방문하도록 하셨다. 근로감독관과 함께할 때도 있었고, 근로자들과 상담해야 하는 상황에서는 혼자 방문할 때도 있었다.

얼마 전 강화도에 위치한 ○○방직 카페에 다녀왔다. 1933년 국내 자본으로 설립된 강화 최초의 인견 공장이었던 ○○방직은 세월이 흘러 직물 산업이 힘들어지면서 폐가로 전락했다. 그러나 흉물스럽게 쓰러져 가던 건물이 거대한 카페로 재탄생하여, 허물어져 가던 벽면 쪽은 근사한 미술관과 영화관이 되었고, 긴 작업대는 커피 테이블로 바뀌었다. 공장에 나란하게 놓여 있던 기계와 작업대에서 일하던 근로자들이 떠난 공간은 우리나라 물건뿐 아니라 외국에서 들여온 골동품으로 채워져 있었다.

오래되어 색이 바랜 물건들은 원래부터 그 자리에 있었던 듯하였고, 약 300평이 넘는 듯한 공장 터와 건물 골조를 그대로 살리면서 자연스럽게 배치된 물품들과 잘 어우러져 옛 시간의 이야기를 카페 곳곳에 남겨두고 있었다.

가족과 함께 음료와 케이크를 주문해 먹으면서 옛날에 경험했던 이야기를 꺼내며 회상해 보았다.

예전에 노동부에 소속된 산업상담원으로 근무하던 지역은 섬유 공장이 많이 있었다. 많은 종류의 업체들이 있었지만 주로 제조업 중에서도 방직 공장을 많이 방문했다. 당시는 우리나라의 경제 성장이 막 시작되던 상황이었기에 빈곤한 가정의 자녀들은 학교보다 공장으로 가는 경우가 많았다. 내가 상담원으로 공장들을 방문하던 때는 공장마다 분위기는 달랐지만 대개 근무 환경이 미흡했다. 근로자들은 기계 돌아가는 소리로 청각 능력이 상실될 수도 있어 귀마개를 하였고, 먼지로 인해 기관지 질환과 안구건조증이 생기기도 하였다. 더구나 염색하는 공장에서는 염료들이 유해성이 있어 피부 질환과 호흡기 질환이 생기기도 하였다.

그렇게 힘들게 일하며 번 돈은 가족의 생활비로 쓰이는 경우가 대부분이었으나, 가끔 자기 치장을 위해 사치로 허비하는 경우도 있었다.

근로자들 중에는 학업을 중단한 것이 아쉬워 3교대를 하면서 국가에서 인정하는 회사 내에서 운영하는 산업체 부설 학교에 다니는 사람들도 있었다. 낮에는 일하고 밤에 공부를 하기 때문에 졸면서도 끝까지 교육과정을 마치고 졸업하는 학생들도 있었다. 그들은 졸업장을 받아들고 뿌듯해하며 기쁨과 감사의 눈물을 흘리곤 했다.

나는 그들이 생활하는 터전의 밑바닥까지 보며 가정사와 동료 간의 갈등, 직원들의 억압으로 인한 슬픔과 아픔을 함께 이야기하기도 하였다.

상담원으로서 해야 하는 일은 각 업체를 방문하여 근로자들의 고충을 들으면서 그들이 불이익당하는 것이 무엇인지, 회사가 부정한 방법으로 근로자들을 대우하며 운영하고 있지는 않는지, 특히 기숙사 생활을 하는 근로자들의 생활환경과 여건이 어떤지 등 근로자 편에 서서 그들에게 도움을 줄 수 있는 방안을 업체와 조정하여 그들이 건강한 회사생활을 하도록 돕는 것이었다.

과거 방직 공장에서 변모된 이 카페에서는 당시 직물을 염색하던 연못에서 큰 잉어들이 바삐 헤엄치며 다녔다. 천장과 벽면, 바닥에 이르기까지 그럴듯하게 장식된 모습은 예전의 방직 공장에서 느꼈던 모습과 너무도 달랐다. 지금은 우리나라 경제가 많이 성장하여 이곳에서 이렇게 가족들과 연인과 친지들이 음악을 들으며 여유 있게 차를 마시면서 행복하게 시간을 보내는 모습을 볼 수 있지만, 만약 옛날에 이곳 공장에서 근무했던 근로자가 오늘 이 방직 카페에 왔다면 어떤 느낌이 들까?

오늘은 많은 추억을 회상하는 날이다.

변화한 방직 공장 내부 전경

편애

　나의 성장 과정을 돌아보면, 부모님은 다섯 자녀를 두셨지만 편애를 느끼지 못할 정도로 두루두루 사랑으로 양육하셨던 것 같다. 그 시절만 하더라도 남아선호사상이 강해서 차별을 받을 수도 있었는데, 부모님은 위로 딸이 세 명이었지만 특별나게 애지중지 키우셨고, 특히 아버지께서는 딸을 낳았다고 구박하기는커녕 오히려 수고 많이 했다고 하시면서 어머니를 힘껏 도와주셨다고 어머니께서 늘 자랑하셨다.
　부모님은 자녀들에게 큰 소리를 내시거나 꾸중도 안 하셨고, 개인의 성향에 따라 이해해 주시며 지극정성으로 모두를 양육하셨기에 우리는 편애를 모르고 자랐다. 아마 하나님의 사랑의 마음을 품고 계셨기 때문이었을 것이다.

나는 두 자녀를 두었는데, 아이들에게 항상 미안한 마음을 가지고 있다. 바쁘고 피곤하다는 핑계로 그들이 원하는 것들을 충족해주지 못한 것이 많기 때문이다. 직장 생활로 온종일 떨어져 지냈기에 엄마가 퇴근하고 오면 아이가 그날 하루에 일어난 일들을 이야기하고 싶어서 다가오지만, 나는 이미 너무 지쳐 있어서 나중에 이야기하자며 그 순간을 넘겨 버렸다. 그러고 나면 아이가 하고 싶었던 이야기가 있었다는 사실을 다 잊어버리고 다른 일을 하곤 했던 것이 지금도 후회되는 일 중 하나다.

돌아보면 나의 부모님은 자녀들에게 늘 관심을 갖고 그들의 이야기를 들어주시고, 경우에 따라 필요한 이야기도 해주시며 부모 역할을 참 잘하셨다는 생각이 든다. 그에 비해 나는 그런 것 같지 않아 자녀들에게 미안한 마음이 크다.

나는 아들과 딸이 개성이 달라 각각의 성향에 맞게 이해와 관심과 사랑을 표현하려고 노력하였다. 어쩌면 너무 과잉보호하는 것 같은 생각이 들어, 심지어 교직에 있을 때 학생들을 내 자녀같이 생각하고, 내 자녀들은 학교의 학생들처럼 대하여 그들과 사랑의 친밀도를 조절하며 지내기도 하였다.

어느 해는 학교에서 중학교 1학년 담임을 맡아 학생들을 지도하는데, 반 학생 중 가정환경이 매우 어려운 A라는 학생이 있었다. 초등학교 3학년 때까지는 가정이 부유하고 생활이 안정된 가운데서 성장하였는데, 부모가 이혼하면서 아버지는 분가했고, 어머니는 우울증이 심하여 정신병원에 입원한 상태였다.

딸만 네 명인 가정에는 연로하신 할머니께서 가끔 오셔서 손녀들을 돌보아 주시고 기본 반찬만 갖다주셨는데, 막딸인 우리 반의 A 학생이 가정을 돌보는 소녀가장인 셈이었다. 더구나 안타깝게도 A 학생이 간질 질환이 있어 가끔 발작을 일으키는 경우도 있었다.

너무 형편이 어려운 것 같아 가정방문을 했다가 보게 된 장면이 아직도 기억이 생생하다. 집 안 정리가 되어 있지 않은 것은 물론이고, 습기로 인해 곳곳에 생긴 곰팡이 냄새가 집 안에 진동하였다.

가정방문 이후 A 학생을 대할 때마다 어떤 도움을 줄 수 있을지 고심하게 되었다. 아버지께서 미술학원을 운영하신다고 했는데 A 학생도 그림을 꽤 잘 그렸다. 미술대회에서 입상도 할 정도였다. 자연적으로 A 학생에게 관심을 갖고 잘 대해주었는데, 어느 날 학급 종례 시간에 몇몇 학생이 반기를 들며 "선생님은 왜 우리를 편애하세요?"라고 하였다. 교직에 서면서 결코 편애는 하지 않겠다고 다짐했기에 학급 학생들의 강한 어조에 말문이 막혔다. 나는 스스로 학생들을 편애하고 있다고 생각해 본 적이 없었다. 오히려 담임으로서 전체 학생들과 잘 지내고 있다고 생각하고 있었기에 이 어이없는 질

문은 나를 다시 돌아보게 했다.

그 이후 A 학생은 가정적인 여러 가지 상황으로 결석과 지각을 반복하며 학교를 다녔다. 어느 날 A 학생이 없을 때 학급 학생들과 대화의 시간을 마련하여 학생들이 던진 질문에 대해 나름대로 답변을 하였다. 한 반에서 어렵고 힘든 친구를 이해하고 배려하며 사랑의 마음을 갖고 도와주는 것이 당연하지 않느냐고 하자, 학생들은 자기들도 다 힘들다면서 '선생님께서 우리에게도 A 학생에게 하듯이 대해달라'고 하였다. 어려운 친구를 이해하지 못하는 학생들의 반응에 섭섭하기도 하고 마음이 아팠지만, 좀더 넓은 마음을 갖고 성장하는 학생들이 되기를 마음속으로 기도하였다.
그러나 '편애'가 '어느 한 사람이나 한쪽만을 유달리 사랑함'이라는 의미를 담고 있다는 것을 떠올리며 편애에 대해 다시금 깊이 생각하는 기회가 되었다.

그 일이 있은 다음부터 교사 역할의 중요성을 더욱 깨닫고 그리스도인 교사로서 학생들을 위해 매일 기도했다. 또한 한 사람 한 사람에게 관심과 사랑을 베풀고 진솔하게 이야기를 들어주면서 진심으로 그들을 사랑하는 교사가 될 것을 다짐하였다.

제자요, 동료인 선생님

동그스름한 안경을 끼고 머리를 양 갈래로 묶은 깜찍하고 발랄한 중학교 2학년 여학생 제자 ○○○. ○○여자중학교에서 3년간 반장을 하며 다재다능한 재능으로 학교를 주름잡던 이 여학생은 예배 인도와 합창대회 반주를 자처하는 것은 물론, 영어 스피치 대회, 백일장, 사생대회, 과학 작품 경시대회 등 학교 행사가 있을 때마다 열심히 노력하여 우수한 성적으로 입상했다.

수업 시간에는 집중도가 높을 뿐 아니라 질문에 대한 대답도 앞장서서 척척 하는 명석한 학생이었다. "○○야, 대답해 봐" 하면 "네" 하고는 정확하게 대답했다.

행동이 재빨라 복도나 계단을 바삐 다니며 선생님들의 심부름도 열심히 하는 사랑받는 제자였다.

그녀가 성장하여 결혼 후 직장에 다니다 교사에 대한 꿈을 이루어 졸업생으로 모교에서 근무하게 되었다. 나는 30여 년이 지났지만 너무나 반가워 학생 시절의 모습을 상기하며 "○○야~" 하고 다정스럽게 부르며 그녀를 맞아주었다.

세월이 흘러 교직에서 만난 그녀는 여전히 꿈이 많던 학생 시절의 설레는 마음과 관심을 갖고 모든 일을 했다. 동료 교사가 되었지만 그녀는 스승들에게 깍듯이 예의를 지키며 교사의 길을 걸어갔다. 나 또한 과거 제자였지만 동료 교사로서 경어를 쓰며 그녀를 대하였다.

그녀는 학생들에게 부모가 자녀를 대하듯 친근감을 갖고 대하였으며, 가정 문제로 경제 사정이 힘든 학생들에게는 학교 장학금을 받도록 앞장서서 도와주었다. 학생들의 성적뿐 아니라 친구 관계, 이성교제 등 학생들이 고민하는 사항들에 대해서는 퇴근 시간이 지나서도 적극적으로 상담하며 그들을 보살피는 언니요, 선배로서 열정을 다했다. 학급 일에도 학생 시절처럼 매사에 적극적이어서 우수학급으로 본이 되었으며, 청소 상태도 늘 깨끗하게 유지되도록 학급을 경영하였다.

개인적으로 부탁할 일이 있으면 언제든지 환한 미소를 지으며 적극적으로 나서서 그 일을 먼저 해주기도 했다. 마음에 늘 겸손과 배려, 긍휼의 마음이 가득하여 주변의 교사나 학생들뿐 아니라 어려운 분들을 그냥 지나치지 않고 도움의 손길을 내미는 모습이 참 아름답다.

그녀도 이제는 중년이 되어 학교에서 관리직을 맡아 제자요 후배인 학생들에게 교사로서 본이 되는 생활을 하며 근무하고 있다.

그녀와는 친분이 돈독하여 지금도 가끔 반갑게 만나며 지낸다. 스승과 제자 관계라기보다 진솔하게 마음을 주고받을 수 있는 편안함이 있기에 스스럼없이 일상의 일들을 이야기하다 보면 시간이 훌쩍 지나가 아쉬운 마음으로 일어난다. 헤어지려고 보면 신기하게도 학교 퇴근 시간에 맞춰 이야기가 끝나고 마무리된다.

그녀를 위해서는 매일 아낌없는 기도를 하게 된다. 그녀가 챙겨야 할 가족과 주변 분들이 많고, 학교 일로 바쁘고 해야 할 일이 많다는 것을 알기에 특히 신앙과 건강을 위해 간절히 기도드린다.

상암 월드컵공원과 경기장

월드컵공원은 예전에는 한강변에 있는 난지도라는 섬이었다. 그곳은 온갖 꽃이 활짝 피고 수많은 철새가 찾아오는 생태계의 보고였다. 그뿐 아니라 아름다운 자연을 배경으로 하는 영화의 촬영지이기도 하였다. 그러나 서울 시민들의 쓰레기 매립지로 바뀌면서 세계에서 가장 높은 쓰레기 산으로 파리가 들끓고, 먼지와 악취가 가득하며, 메탄가스와 침출수 등이 흐르는 불모의 땅이 되었다.

1990년대에 교사 연수로 쓰레기 매립지 정상에 올라가 강사로부터 이곳의 문제점과 해결 방안에 대해 들으며 쓰레기 매립지 곳곳에는 많은 양의 가스가 저장되어 있어 이를 활용할 계획도 가지고 있다는 설명을 들었다. 그러면서 직접 성냥으로 불을 켜서 매립지 구멍에 대자 불이 활활 솟아올랐다. 당시에는 '넝마주이'라는 사람들이 있었는데 그들이 이곳에 올라와 불을 켜서 꿀꿀이죽과 라면을 끓여 먹는다고 전해 들었다.

실제로 2002년 서울 월드컵경기장 장소가 상암동으로 결정됨에 따라 2000년 11월부터 공원을 조성하기 시작하여 평화의 공원, 하늘공원, 노을공원, 난지천공원, 난지한강공원 등 크게 5개로 구분되어 각각 서로 다른 특징을 가지며 월드컵공원이 탄생하게 되었다. 지금의 월드컵공원은 쓰레기 무덤이었던 난지도를 원래의 자연생태계로 복귀시킨 가장 모범적인 사례가 되었다.

또한 서울 월드컵경기장도 2002년 5월에 완공되었다. 이제 이곳은 아름다운 공원과 거대한 경기장이 있어 많은 사람이 관광을 오기도 하고, 체험활동 학습장으로 찾기도 하며, 경기 관람을 위해 오기도 한다.

교직에 있으면서 학교와 집에서 먼 거리임에도 학생들과 함께 학교 야외 행사인 백일장, 사생대회, 소풍 등으로 월드컵공원에 여러 번 다녀왔다. 당시만 해도 꽤 먼 거리로 학생들을 인솔하는 것이 쉽지 않았지만, 공원이 넓고 좋아 많이 이용한 것 같다.

얼마 전 서울 월드컵경기장으로 가족들과 축구 경기를 관람하러 갔다. 예전에 학생들과 학교 행사로 함께 왔을 때 경기장을 배경으로 그린 학생들의 그림들과 그들이 쓴 글들이 떠올랐다. 그리고 재잘거리던 학생들의 순수한 모습이 아른거리면서 감회가 새롭고 남달랐다.

올림픽대로로 차를 타고 지나가다 보면 지난날 쌍둥이 산처럼 보이는 높은 하늘공원에서 연수받으며 경험했던 여러 일이 주마등처럼 스쳐 지나간다.

가족들과 경기 관람

직업

　나는 교회학교 유·초등부 시절부터 교회에서 지내는 시간이 많았다. 주일 예배 외에도 부서나 절기 행사 관계로 평일에도 준비하는 모임이 있어 교회에서 생활하는 것이 익숙해졌다. 또 중·고등부와 청년부에서 회장·부회장을 맡기도 하며 젊은 시절 교회를 통해 많은 것을 배우고 느끼고 깨달았다.

　그중 청년부 활동을 시작하면서 대학 1학년 때부터 중등부 교사 훈련을 받은 후 교사가 되었고, 이때부터의 경험이 내 인생에서 가장 많은 비중을 차지하는 직업적 교사 생활을 위한 밑거름이 되었다.

　지금까지 나는 늘 집, 직장, 교회밖에 모르는 트라이앵글 생활을 하며 지냈고, 가능하면 교회 중심적인 생활을 하며 직장 생활을 한 것 같다. 교회에서는 계속 중·고등부 교사 직책을 맡아 학생들을 지도하면서 사춘기 시기가 얼마나 중요하고 소중한지 깨닫게 되었다.

나의 사춘기 시절을 생각하면서 그들에게 더 가까이 다가가려 했고, 상담을 하며 신앙 안에서 어떻게 살아가야 하는지를 함께 고민하며 이야기를 나누곤 했다. 대학에서 가정학을 전공했지만 부전공으로 교육학을 하면서 교사자격증을 취득했고, 그 이후 중학교 교사로 직업 전선에 뛰어들었다.

교회에서 교사 활동을 하면서 학생들과 함께 보낸 시간이 있었기에 학교에서 학생들 앞에 서는 것이 떨리거나 두렵지 않았고, 오히려 언니같이 친근감을 가지고 다가갈 수 있었다.

또한 학급 담임을 하면서 학생들의 성적이나 친구, 이성 간의 고민과 다양한 가정환경에서 오는 어려운 문제들을 상담하며 도움을 주기도 하였다. 그들과 상담을 하기 전에는 개인적으로 항상 기도로 준비했고, 성령님께 도움을 요청하며 선하게 인도해 주시길 간구했다.

학급 담임을 할 때는 내가 맡은 반 아이들을 위해 항상 기도했다. 그래서인지 큰 어려움 없이 담임 역할을 수행했던 것 같다. 교회에서도 교회학교 교사를 오랫동안 하면서 교사 직분을 즐겁게 수행하고 성실히 감당하기 위해 애썼다.

이제 중학교 교사에서 정년 퇴직을 하였고 교회학교 교사 직분도 내려놓았지만 중·고등학생들을 보면 항상 설레는 마음으로 다가가게 된다. 그들과 많은 이야기를 나누면서 그들의 미래에 조금이나마 도움이 되고 싶다는 생각이 여전하다.

한 방면으로 지속적인 활동을 하며 거의 평생을 지냈다. 지나온 시간이 후회보다는 고마움과 감사로 가득 채워진 것 같아 하나님께 늘 감사하며 살아가고 있다.

커피가 주는 행복

오래전부터 바리스타의 꿈을 가지고 있어서 연수를 받은 적이 있다. 그때만 해도 인스턴트 믹스커피가 유행하던 시절이었고, 커피 원두 맛도 잘 알지 못했다. 하지만 시간이 흐르면 커피 원두 맛이 사람들의 입맛을 자극하여 기호식품으로 발전할 수 있을 것 같다는 생각에 바리스타가 되기 위한 계획을 세웠다.

바리스타 연수를 받는 동안 함께한 분들과 커피의 기원부터 지금에 이르기까지의 역사를 배우면서 직접 로스팅도 하고, 커피머신에서 커피를 추출하여 맛도 보았다. 또한 카페라테 모양을 예쁘게 내기 위해 계속 경험을 쌓아가며 신나게 연수를 받았다.

커피는 커피나무 열매의 씨앗인 커피콩(커피 빈, coffee bean)을 볶은

(로스팅, roasting) 뒤 갈아서 물에 우려 만든다. 열매와 씨앗과 껍질을 벗기고 말린 생두, 생두를 볶은 원두, 원두를 분쇄한 가루, 가루에서 추출한 음료까지 모두 '커피'라고 부른다.

모든 커피의 기초가 되는 맛은 원두(씨앗)의 향기가 자아내는 은은하고 깊은 쓴맛이다. 로스팅 상태에 따라 쓴맛이 달라지기도 한다. 물론 다양한 기호에 맞게 각국의 커피 맛이 조금씩 다르다. 신맛을 포함해 입 안에서 느껴지는 다른 맛과 향도 커피 평가에서 중요하지만, 쓴맛은 거의 기본이나 다름없다. 그러나 색이 어둡고 맛이 쓰며 약산성인 커피는 주로 카페인 함량으로 인해 자극적이기도 하다.

우리나라에서는 1890년 고종 황제가 러시아 공사관에 머물면서 처음으로 커피를 마셨다. 일제 강점기에 일본식 다방들이 생기면서 문화, 예술, 문학 등의 중심이 되고 영화인들이나 문학인들이 직접 경영하는 카페도 많이 생기면서 커피 문화도 확산되어 갔다.

1970년대에 들어와 경제 발전과 함께 서양 문화의 영향을 받기 시작하면서 서양의 커피 문화가 소개되었고, 그로부터 커피 소비가 점차 증가했다. 물론 당시에는 집에서 간편하게 즐길 수 있는 인스턴트 커피가 주류였으며, 1980년대에 들어와서야 대한민국 최초의 커피 전문점이 등장했고, 이는 문화의 전환점이 되었다. 이때부터 사람들은 집이 아닌 외부에서도 특별한 분위기에서 커피를 즐길 수 있게 되었다.

　1990년대부터는 다양한 종류의 카페들이 등장하기 시작했고, 국내외 커피 문화를 수용하면서 에스프레소 기반의 음료 중 카페라테와 카푸치노가 대중화되었으며, 다양한 브랜드로 소비자의 선택의 폭을 넓혀가며 성장했다.

　21세기에 들어와서는 커피 문화가 한층 다양화되고 소비층도 확장되었으며, 현재 커피는 단순한 음료가 아닌 문화의 일환으로 자리 잡았다. 이제 카페는 다양한 활동을 즐기는 공간으로 발전해 가고 있다. 심지어 교회에서도 넓은 공간의 카페를 만들어 사람들이 모임을 갖는 장소로 많이 활용되고 있다.

　나는 요즈음 딸이 결혼하면서 선물해 준 독일제 드롱기 커피머신의 커피 맛에 푹 빠져 있다. 성경을 읽거나 글을 쓸 때도 남편이 내려준 한 잔의 커피로 행복을 느끼며 살아가고 있다.

　원두에 따라 맛이 달라지기 때문에 취향에 따라 어느 정도로 로스팅한 것인지, 산미가 어느 정도인지, 원산지가 어디인지를 구별해 선택해야 원하는 커피의 향취를 느낄 수 있다.

　바리스타의 꿈을 이루진 못했지만, 밖에서 커피를 마시기보다 집에서도 입맛에 맞는 커피를 마시며 여유로운 시간 속에 행복을 느끼곤 한다.

큰 바위 얼굴

내 기억 속에는 중학교 국어 교과서에 실렸던 《큰 바위 얼굴》의 내용이 항상 마음에 머물러 있었던 것 같다. 《큰 바위 얼굴》은 너새니얼 호손이 1850년에 발표한 유명한 단편소설로 원제는 "Great Stone Face"다. 가상의 마을과 사람의 얼굴 모양을 하고 있는 바위산을 배경으로 한 작품으로 알고 있다.

줄거리를 간단히 축약하면 다음과 같다.

미국의 한 작은 마을. 이곳에는 '큰 바위 얼굴'이라 불리는 거대한 얼굴 모양의 바위산이 있었다. 이 마을에 사는 평범한 주인공인 어니스트는 어린 시절부터 이 바위산을 보고 자랐으며, 어머니로부터 언젠가 저 바위산과 닮은 얼굴의 위대한 인물이 등장할 것이라는 전설을 듣고 굳게 믿었다. 그는 청년, 장년, 그리고 노년에 이르기까지 평생을 살면서 큰 바위 얼굴과 닮은 인물이 나타나기를 기다리는데 결과적으로 네 명을 만나게 된다. (이하 생략)

현실의 부, 권력, 명예 등을 가진 자들보다 끊임없는 자기반성과 성찰을 바탕으로 사람들에게 사랑과 지혜를 가르치는 이가 더 큰 인물이 될 수 있으며, 이런 것이 인간의 가치를 평가하는 기준이 된다는 교훈이 담겨 있는 작품이다.

개인적으로도 성장 과정에서 늘 존경할 만한 대상을 찾고 그들의 삶을 본받고자 하는 마음을 품고 지낸 것 같다. 사실 닮고 싶은 인물을 떠올리다 보면 대부분 성경 인물인데, 그들을 빼면 신앙인 중에서는 나의 부모님을 들 수 있다. 지금까지 지내온 시간 모두가 부모님의 사랑과 헌신과 수고 덕분이며, 그분들은 하나님의 무한한 사랑을 자녀들에게 아낌없이 베풀며 사셨기 때문이다.

성장 과정을 통해 부모님께서는 철저한 신앙의 본을 보여 주셨다. 나뿐 아니라 다섯 명의 자녀 모두가 노년의 나이가 되었음에도 부모님을 존경의 대상으로 삼는다는 것은, 부모님이 정말 하나님의 말씀대로 살고자 힘쓰셨기 때문일 것이다.

늘 예수님처럼 사시는 부모님의 모습을 보며 나도 부모님을 닮았으면 하는 바람이 있었다. 나 또한 나의 자녀들에게 큰 바위 얼굴과 같이 닮고 싶은 인물이 되었으면 하는 간절한 소망이 있다.

소풍

어릴 때는 소풍 간다는 생각만으로도 들뜬 마음에 잠이 오지 않아 밤새 이리저리 뒤척이다 새우잠을 자고 일어난 적이 많다. 가방에 있는 어머니와 함께 사놓은 과자랑 음료수, 초콜릿, 그리고 아침에 맛있게 만들어서 싸주실 김밥과 과일을 생각하고, 또 내일 친구들과 사이좋게 그것을 나눠 먹을 모습을 상상하다 보면 그렇게 되곤 했다.

나의 아이들도 유치원이나 초등학교에서 소풍을 가게 되면 나의 어린 시절처럼 기대감에 부풀어 있었다. 하지만 이제 엄마가 된 나는 노파심에 아이들이 무엇을 보고, 밥은 어떻게 먹을지, 주변은 안전한지, 친구들과는 잘 어울릴지 등 기대보다는 걱정이 앞섰다. 우리 어머니께서도 그러셨을까?

어머니께서 싸주신 김밥은 다른 아이들 김밥보다 유난히 맛있었다. 내 어머니라서 그런 게 아니라 노하우가 있으신 것 같았다. 엄마가 된 나는 예전에 어머니께서 만드실 때 넣으셨던 재료들을 곰곰이 생각하며 김밥을 만들어보았는데, 다행히 아이들이 한목소리로 엄마 김밥이 최고라며 맛있게 먹었다. 지금도 자녀들에게 할머니의 노하우를 전수할 겸 주말에 함께 김밥을 싸는 시간을 갖기도 한다.

어린 시절의 소풍은 마냥 즐겁기만 하였다. 지금도 소풍을 생각하면 좋은 추억으로만 가득하다. 그런데 이제 나이가 들고 보니 소풍에 대한 생각이 많이 달라졌음을 실감한다.

앞으로의 연수가 얼마 남지 않은 상태에서 이 세상에서의 소풍을 어떻게 지내야 할까? 세상의 재미있고 즐거운 일들을 어떻게 삶에 가득 채워가며 지내야 할까? 하나님께서 기뻐하시는 일들을 열심히 감당하며 기쁘게 소풍 온 마음으로 지내면 더없이 즐겁고 좋을 텐데…. 가족들, 친지들과의 관계도 즐거운 소풍을 온 것처럼 지낸다면 후회가 없을 텐데….

앞으로 남은 세월이라도 어렸을 때 느꼈던 소풍의 즐거움을 누리며 살아가고 싶다. 인생의 마지막은 소풍 가는 기분으로 즐거운 마무리가 될 수 있길 기대해 본다.

치아

어머니께서는 어릴 때부터 나에게 미안한 것이 두 가지가 있다고 자주 말씀하셨다.

하나는, 어렵고 힘든 시대에 태어나 부모들이 바쁜 생활을 한 데다 워낙 순둥이다 보니 보채지도 않고 한쪽으로 눕히면 그 상태로 계속 누워 있었기 때문에 귀가 당나귀처럼 뻗은 것이라고 하셨다. 어릴 때부터 머리를 귀 뒤로 넘기지 않는 것이 좋다고 하셔서 늘 귀를 숨기고 지냈는데, 그 모습이 많이 안쓰러우셨나 보다.

또 하나는, 내가 태어났을 때 어머니가 어려운 가정 형편으로 식사를 제대로 못 하셨기 때문에 모유가 나오지 않아 젖을 먹이지 못하였고, 그 시절에 즐겨 먹던 마름모꼴 박하사탕을 자주 입에 물려 치아 상태가 안 좋은 것이라고 하셨다.

사실 어릴 때부터 연세 많으신 원장님이 운영하시던 치과에 자주 간 일이 지금도 생각난다. 잇몸과 치아가 자주 곪고 아프다 보니 어머니는 늘 미안해하시며 치과에 데리고 다니셨다. 할아버지 원장 선생님은 귀여운 손녀를 보듯 늘 반갑게 맞이해 주시면서 정성스럽게 치료해 주셨다. 그때 여러 개의 충치를 때워 주셨는데 거의 40여 년간 사용해도 이상이 없을 정도였다.

이후 나이가 많아지면서 치아가 약해졌으나, 지금도 웬만한 음식은 다 맛있게 먹을 수 있는 것은 구순의 연세에도 튼튼한 치아로 음식을 맛있게 드셨던 어머니 덕분이다. 음식을 먹은 후에는 꼭 소금으로 이를 닦으라고 하신 것을 꾸준히 실천했기 때문이다.

요즈음 남편은 예전에 임플란트 한 것이 부실해지고, 또 이가 부러져 음식 씹는 것이 힘들어 다시 임플란트를 해야겠다며 치과에 다니고 있다. 치통을 겪어본 사람은 하나같이 너무 힘들다고 말한다.

치아가 튼튼하지 않으면 음식 섭취에 어려움이 생겨 건강에도 지장을 주고, 저작 운동이 안 되면 뇌 노화 속도가 빨라진다고 한다. 나이가 들수록 치아 관리를 더 철저히 해서 남은 인생을 건강하게 지내야겠다. 치아가 튼튼한 것은 오복 중 하나로 장수의 비결임을 실감한다.

노릇

'노릇'의 사전적 의미는 '그 역할과 구실을 낮추어 나타내는 말'이다. 이를 응용하면 '노릇하다'는 '노르스름한 색을 띠는 듯하다'로, '헛노릇'은 '아무 보람도 없는 헛된 일'이라는 의미로도 사용된다.

여기서는 맡겨진 역할과 직분에 대해 '노릇'이라는 용어를 사용하였을 때 그것을 듣는 입장에서 생각해 보고자 한다.

예를 들면 우리는 사장, 교사, 의사, 변호사, 목사, 시장 등 많은 직종에 대해 흔히 말미에 '직'을 넣어 사용하는데, 가끔 '노릇'이나 '질'이 사용될 때가 있다. '질'은 일부 명사 뒤에 붙어 '그 행위나 일을 낮잡는 뜻'을 더하는 말이다. 이에 상대방이 칭할 때와 들을 때의 어감이 달라지게 된다.

〈예〉

사장직 – 사장 노릇 – 사장질

교사직 – 교사 노릇 – 교사질

많은 직종에서 생각해 볼 수 있는 부분이다. 영어에서 '노릇'의 사전적 용어는 'job' 'work' 'duty' 등이다. 그냥 직업, 일, 의무 등으로 생각하면 어떤 명칭을 불러도 상관없을 듯하다.

한편으로 나는 교사 노릇을 제대로 했는지, 권사 노릇을 제대로 했는지 자문해 보며 나 자신을 좀더 겸허하게 바라볼 수 있는 안목이 필요하지 않을까 생각해 본다.

그리고 상대방을 예의 바르게 호칭하거나 높여 주려면 일상적으로 사용하는 '○○직'이 바람직하다는 생각이 든다.

반복의 당연성(예외의 필요성)

　직장 생활을 오랫동안 해서인지 규칙적인 생활의 중요성을 알게 되었다. 학생들과 정규 수업을 하는 경우 외에 야외 학습을 하는 날이면 다음날 학생들이 수업 시간에 자세가 흐트러지고 교사들도 왠지 피곤함을 느꼈다.
　며칠씩 이어지는 공휴일이나 방학 기간을 지나고 나면 정규적인 학교생활의 흐름이 깨어져 정상적인 흐름으로 가는 데 시간이 걸린다.
　일상생활에서도 규칙적인 생활을 반복하면 편하고 능률적이지만, 그것이 습관이 되기까지는 끈기와 노력이 필요하다.

　"시간은 금이다"라는 명언은 나의 삶에 큰 도전이요, 많은 영향을 미치고 있다. 24시간으로는 항상 부족하다고 느끼며 하루가 25시간이나 26시간이면 좋겠다는 생각을 하며 지낼 때가 많다. 그래서 '하루 24시간을 어떻게 사용해야 할까?' 하면서 생활 방식과 패턴을 어떤 식으로 짜서 보낼지 고민했다. 만약 한 시간이 더 주어져도 그 패턴은 같았을 것이다.

아이들이 일과표를 만들어 생활하듯이 나에게도 하루 24시간을 구분해서 활용하는 습관이 몸에 배어 있다. 직장 생활을 하면서 바쁘게 지낼 때는 새벽 5시에 기상하여 밤 12시까지 빡빡하게 하루를 보냈으며, 시간의 중요성을 알기에 주어진 시간 안에서 긴장감을 가지고 집중함으로 최대한 효율적인 방식으로 살아가야겠다고 생각했다. 하루 일과 중 가장 중요한 것에 비중을 두어 1순위로 하고 차츰 2, 3순위로 등급을 정하여 시간을 쪼개 살다 보니 헛되이 시간을 낭비하지 않는 좋은 습관이 몸에 밴 것 같다.

> "내 영광아 깰지어다 비파야, 수금아, 깰지어다 내가 새벽을 깨우리로다"(시 57:8).

시편 말씀처럼 새벽을 깨우며 새벽 예배를 드리고 오면 바로 가족을 위해 분주히 식사 준비를 했다. 그렇게 밥상을 한 상 가득 차려 놓고 출근하였으며, 항상 바쁜 일상인지라 보폭을 넓게 하여 경보로 걸어갔다. 8시에 직장으로 출근한 뒤 퇴근해서 집에 오면 6시인데, 그때부터 저녁과 다음날 식사를 위해 시장에 들러 구입한 식재료를 가지고 식사 준비를 하기에 바빴다.

식사 후 뒷정리를 하고 집안일을 하고 나면 자녀들과 학교에서 있었던 일을 나누고 과제들을 점검하였다. 겨우 나를 위한 시간을 갖는 것은 밤 12시경으로 성경 말씀을 읽고 잠시 묵상한 뒤 취침에 들어갔다. 다행인 것은 짧은 시간이지만 숙면을 취해 피곤이 회복되었다는 점이었다.

일상이 반복되는 패턴이지만 나름대로 영적 관리, 지적 관리, 체력 관리, 수면 관리, 시간 관리를 하며 하루, 일주일, 한 달, 일 년이 지나면서 지금까지 반복한 것이 습관이 되었다.

그러나 반복의 일상에서 예외적인 경우도 당연히 있었다. 여행을 가거나 모임을 하거나 특별한 날에는 반복됨이 흐트러지는 예외의 상황이 되었다. 하지만 그것 또한 감사의 제목으로 인생길에 양념으로 주어진 시간이 있음에 순간순간 행복함을 느끼며 살아왔다.

때로는 반복이 따분하고 지겹게 느껴질 수 있지만 그 반복이 축적되어 매끄러운 숙련의 단계로 나아간다면 훨씬 가볍게 일을 처리할 수 있는 능력도 생긴다.

이스라엘 민족이 40년의 광야 생활을 했는데, 하나님께서 매일 만나를 반복적으로 내려주셨기 때문에 그들은 광야의 긴 여정을 잘 지나올 수 있었다.

"그 이슬이 마른 후에 광야 지면에 작고 둥글며 서리같이 가는 것이 있는지라…이스라엘 족속이 그 이름을 만나라 하였으며 깟씨같이 희고 맛은 꿀 섞은 과자 같았더라…사람이 사는 땅에 이르기까지 이스라엘 자손이 사십 년 동안 만나를 먹었으니 곧 가나안 땅 접경에 이르기까지 그들이 만나를 먹었더라"(출 16:14, 31, 35).

이제 곧 70세를 앞두고 있다. 이스라엘 백성에게 40년간 변함없이 만나를 내리셔서 그들의 삶의 여정을 인도하신 주님께서 지금껏 반복의 생활에 적응하며 살아가는 나의 인생 여정에도 에벤에셀의 복을 주셨다. 그리고 앞으로도 여호와 이레의 복으로 행복한 삶을 살아가게 하실 것을 기대하고 있다.

습관으로

　국제 축구 연맹이 해마다 가장 멋진 골을 기록한 선수에게 수여하는 FIFA 푸스카스상이 있다. 이 상을 2020년에 손흥민 선수도 받았다. 헝가리의 전설적인 축구 선수 푸스카스의 축구에 대한 사랑은 "둘이 있으면 축구 이야기를 하고, 혼자 있을 때는 축구를 생각한다"라고 한 것에서도 잘 알 수 있다. 이는 일시적이거나 단기적이 아닌 꾸준히 일관성 있게 습관화하는 데서 얻을 수 있는 만족감과 기쁨이다.

　다른 사람들은 어떻게 생각할지 모르지만, 나는 개인적으로 생활 습관을 지닌다는 것은 중요하다고 생각한다. 사실 직장 생활을 36년간 규칙적으로 하다 보니 생활이 단순해진 것 같다. 하지만 퇴직 후 칠순을 앞둔 노년이 되어 보니, 그동안 규칙적이고 일관성 있는 생활 습관을 지켜온 것이 건강의 비결이 아닐까 싶다.

어떻게 생각해 보면 생활 반경이 교회, 직장, 가정으로 날마다 바쁘게 다람쥐 쳇바퀴 돌 듯하였지만 영적, 정신적, 체력적으로 안정된 생활의 반복이었다. 새벽 5시부터 시작된 하루는 새벽기도, 가족들을 위한 식사 준비, 출근 준비, 한 시간여의 통근, 근무, 퇴근하여 장보고 저녁을 준비하여 가족들과 식사하기, 주방 뒷정리, 집 정리, 자녀들의 취침 돕기로 이어졌다. 그러다 보면 매일 거의 12시경 취침에 들어갔다.

주말에는 패턴이 다소 변경되었지만 주일은 교회를 중심으로 교사와 성가대원으로 섬기며 최선을 다하는 일관된 생활이었고, 그러한 일상이 거의 동일하게 진행되었다.

그러나 '어떻게 하면 좀더 잘할 수 있을까?'를 생각하며 가족들을 우선시하고 직장 일을 중요시하다 보니 개인적인 시간은 뒷전이 되었다. 그런 이유로 퇴직하면 '나만의 개인 시간을 꼭 가져보리라'고 다짐하였다.

이제 퇴직한 지 5년이 되었는데, 그동안도 대학원 논문 작성, 어머니 하늘나라 입성, 두 자녀의 결혼 등으로 바쁜 시간을 보냈다.

이후 드디어 골방의 시간을 정해서 말씀과 기도로 주님과 함께하는 나만의 달콤한 시간을 보내고 있다.

아울러 가족과 함께하는 시간을 갖고, 읽고 싶었던 책을 읽고, 여행도 가끔 다니고 있다. 운동도 하고, 모임에도 자유롭게 다니며 여유 있게 인생의 후반에 또 다른 반복적인 행복한 생활의 즐거움을 누리고 있다.

물론 목표를 세우고 남은 인생에 새로운 도전을 하여 좋은 열매 맺기를 기대하며 다시금 습관의 중요성을 경천해 보리라는 다짐도 잊지 않고 있다.

약속

　모처럼 주말을 맞이하여 자녀들이 카페를 가자고 권하였다. 그래서 책도 읽고 글도 쓸 겸 아침 일찍 가기로 약속하였다. 남편은 예정된 일이 있어 함께 가지 못하였으나, 나랑 세 명이 가는 만큼 약속 시간을 지키려고 설레는 마음으로 새벽에 일어나 준비를 다 하고 기다렸다.

　계속 기다리다가 10시경 연락했더니 늦잠을 자서 연락하지 못했다면서 천천히 준비해서 가자고 하였다. 다시 기다리다 11시 30분경 연락했더니 가볍게 집에서 점심을 먹고 출발하는 것이 어떻겠냐고 해서 그러기로 하고 점심 식사 후 12시 30분경 출발하게 되었다.

　잔뜩 기대하는 마음으로 하루를 시작했기에 지금이라도 가서 시간을 잘 보낼 수 있으면 좋겠다는 생각으로 목적지인 행주대교 근처 카페로 갔다. 각자 할 일이 많은지라 커피를 마시며 각기 일을 시작하였다. 그러다 잠깐 휴식하면서 일상의 일들과 가치 기준에 대한 이야기를 하며 오랜만에 자녀들과 함께하는 시간을 즐겼다. 자녀들이 내가 작업할 노트북까지 챙겨 줘서 집중하며 글을 쓸 수 있었다.

교직에 있을 때는 학생들에게 지각하는 것은 좋지 않은 습관이라 엄중하게 가르쳤다. 정해진 등교 시간이 있음에도 지각하는 학생들은 계속 지각하며 시간에 대한 효용가치를 느끼지 못하는 것 같았다. 그래서 하교 시 지각한 학생들을 남게 해서 좀더 학교에 머물며 시간을 갖도록 하였다. 그렇게 몇 번 하다 보니 학생들의 지각 횟수도 줄어들고 지각할 때는 미리 연락하는 습관으로 고쳐지기도 하였다.

나도 약속 시간을 정하면 꼭 그 시간에 맞추어 가는 습관이 있었다. 그러나 차가 밀리거나 어떤 일이 갑자기 생겨 늦어질 수밖에 없는 경우가 생기기도 했다. 그러다 보면 상대방이 마냥 기다려야 했고, 만났을 때도 겸연쩍어 대화의 시작이 매끄럽지 않았다. 교회에 예배드리러 갈 때도 늦어지는 경우가 있었다. 시험 출제한 것을 계속 갖고 있다가 마지막 날에 제출하는 습관도 있었다.

이런 습관들이 대학원을 다니면서 바뀌게 되었다. 직장에서, 가정에서, 또 개인적으로도 할 일이 많은데 대학원을 두 곳이나 다니다 보니 너무나 바빴다. 그러나 과제를 제출하는 것이나 과제 팀이 모여 작업을 해서 공동발표를 하는 것이나, 혼자 자료를 모아 개인 발표를 하는 것 등 어느 하나 미룰 수도, 미루어서도 안 되는 것이었다. 밤샘 작업을 해서라도 과제 준비를 해야 했다. 실제로 대학원에 다니면서 밤을 새고 직장에 간 적도 여러 번 있었다.

그러면서 시간 관리를 철저히 하게 되었고, 좀더 구체적으로 할 일들을 적으면서 우선적으로 해야 하는 일부터 처리하게 되었다. 일을 빨리 처리했을 뿐만 아니라, '나중에 해야지!'라고 미루는 습관을 신속하고 정확하게 하는 습관으로 고쳐나갔다. 계속 의지를 갖고 훈련하다 보니 짧은 시간에 여러 가지 일을 처리할 수 있는 능력이 생기며 효율적인 시간 관리를 할 수 있게 되었다. 그러면서 약속된 것들에 대해서는 오히려 일찍 제출하고, 모임 약속이 있으면 일찍 가는 습관이 생겼다.

보통 약속한 사람이 늦어지면 '왜 늦을까? 무슨 이유가 있는 것일까? 오다가 무슨 일이 생긴 것일까?' 하는 끊임없는 궁금증이 생기면서 나중에는 걱정까지 하게 된다. 미리 연락하는 경우는 걱정하지 않지만 그러지 않고 마냥 늦어지는 경우에는 여러 잡념으로 머리가 혼란스러워진다.

나는 "시간은 금이다"라는 명언의 중요성을 기억하며 늘 실천하려고 노력한다. 또 나의 시간이 중요한 만큼 상대방의 시간을 소홀히해서는 안 된다는 생각으로 상대방과 함께하는 시간을 가치 있게 보내려고 노력한다.

앞으로도 약속에 관해서는 나 자신부터 철저히 지키며 살려고 한다. 하나님의 뜻 가운데 남은 인생 여정에서 더욱 그러해야겠다고 다짐해 본다.

꿈이 있어서 좋아요!

"사람이 마음으로 자기의 길을 계획할지라도 그의 걸음을 인도하시는 이는 여호와시니라"(잠 16:9).

우리는 '꿈'이라는 용어를 흔히 사용하지만, 개인의 생각에 따라 그 '꿈'을 이해하는 방향은 다를 수 있다. 사전에서는 다음과 같이 세 가지로 '꿈'에 대해 정의하는데, 여기서는 2번에 해당하는 '꿈'에 대해 이야기하고자 한다.

1. 잠자는 동안 일어나는 심리적 현상의 연속
2. 실현시키고 싶은 희망이나 이상
3. 실현될 가능성이 아주 적거나 전혀 없는 허무한 기대나 생각

이제 2년 후면 칠십이 된다. 많이 살아온 것 같은데 뒤돌아보면 훌쩍 시간을 뛰어넘은 느낌이다. 살아온 인생에 어렵고 힘든 일이 없지는 않았다. 하지만 그러한 상황을 힘들고 어렵다고 생각하기보다 하나님께 기도하며 방법과 방향을 모색하는 것이 중요하다고 생각하며 달려온 것 같다.

중·고등학생 시절에는 학교 도서관에서 시간이 가는 줄도 모르고 유럽 작가들이 쓴 인문학 도서들을 흥미롭게 탐독하며 지냈다. 인문학은 인간의 삶, 사고 또는 인간다움 등 인간의 근원적인 문제에 관해 탐구하는 학문이다.

신앙을 가지면서 하나님에 대한 궁금증이 많이 생겼다. 인문학 도서들을 통해 언어학, 문학, 역사학, 철학, 종교학 등의 학문과 연관 지으며 하나님과 인간의 관계성을 이해하는 시간을 가졌던 것 같다.

책을 읽으면 저자들이 그리는 삶의 모습이 클로즈업되면서 나도 그들처럼 해보고 싶은 생각이 들었다. 목표를 정하고 열심히 달려가서 달성해 보고 싶은 꿈이 생긴 것이다. 누가 시키거나 하라고 지시한 것이 아닌 스스로 하고 싶은 희망이 생긴 것이다.

내가 읽은 책에서 갖게 된 꿈을 몇 가지 적어 보려고 한다.

유럽은 육지로 연결된 나라들이 많아 여행을 하게 되면 예전에는 국경을 넘을 때 가족들과 마차를 타고 넘어가야 했다. 삼 면이 바다로 된 우리나라 환경에서는 이해하기 어려운 상황이었지만, 나도 결혼하면 가족들과 국경을 넘어 여행하고 싶다는 꿈을 꾸었다.

강남 8학군, 수능 1등급을 강조하는 시절이었지만 자녀들이 초등학교에 다닐 때부터 우리 가족은 세계여행을 하면서 세상에 대한 안목을 갖는 것이 중요하다고 생각했다. 공부를 우선시하는 시대여서 자녀들과 함께 해외여행을 하는 경우는 매우 드물었다.

자녀들과 여행하던 어느 날, 문득 스쳐 지나가는 생각에 깜짝 놀랐다. 예전에 꿈꾸던 일이었는데 실제로 가족들과 함께 차를 타고 러시아, 핀란드, 스웨덴, 노르웨이 국경을 자유로이 넘나들고 있었기 때문이었다.

국민학교에 다니던 때는 배움에 대해 열심이 약했지만 중·고등학생 시절에는 인문학 책을 접하면서 학문의 중요성을 자연스레 터득하게 되었다. 그렇게 여러 분야에 대해 깊이 학습하고 싶은 마음이 생겼다. 이는 살아가는 방법과 목표를 세우는 데 지표가 되었다.

대학에서는 가정학을 공부했지만, 나이가 들면서 학구열과 기대감이 생겨 대학원을 두 곳을 다녔다. 상담의 중요성을 알기에 '상담복지학'과 외국인들에게 한국어를 전하는 기회를 갖기 위해 '외국어로서의 한국어'를 전공하게 되었다. 앞으로는 어떤 학문 분야를 공부하게 될까?

노트에 글쓰기

한 가지 예를 더 들어보면, 어릴 때부터 일기 쓰기를 하여 지금에 이른 것 같다. 일기 노트를 다 가지고 있진 않지만, 고등학생 때 썼던 고동색 일기장과 표지가 딱딱하게 만들어진 파란색으로 된 일기장은 아직도 남아 있다. 그 이후 1990년대부터 지금까지 쓴 노트도 간직하고 있다.

인문학 책을 통해 인생을 알게 되고, 또 책을 읽으면서 느낀 감정과 깨달음으로 '나도 다른 사람들에게 선한 영향력을 끼치는 책을 쓸 수 있다면 얼마나 좋을까?'라는 꿈이 생겼다. 참으로 부족하고 서툰 글솜씨이지만 평범한 삶을 살고 싶어 하는 나의 삶의 한자락을 다른 사람들이 따뜻한 마음으로 접할 수 있도록 하기 위해 나는 요즈음 꿈을 향해 부지런히 달려가고 있다.

성경의 시편 기자는 "인생의 연수가 칠십이요 강건하면 팔십"이라고 했다. 이제 칠십을 향해 가는 노인이라고 할 수 있는 나이지만 아직 젊은이 못지않은 열정을 갖고 하루하루 글을 쓰며 책을 출판하기 위해 준비하고 있다.

지금까지 하나님의 말씀을 붙잡고 기도로 기대하며 꿈을 이루어 왔다. 꿈이 있었기 때문에 지치지 않고 지금에 이르렀다. 내 인생은 '꿈의 인생'이라고 할 수 있으며 그 꿈이 있기에 나름대로 좋은 인생을 살고 있다고 자부한다.

러시아 모스크바 성 바실리 대성당

러시아 상트 페테르부르크 여름궁전

러시아 모스크바대학

노르웨이 산 정상

대학원 졸업

2부

내 삶의 에너지, 가족

가정예배

 어릴 적부터 매일 가정예배를 드렸던 우리 형제들은 사춘기가 되면서 가정예배를 드릴 때 웃음보가 터지는 경우가 가끔 있었다. 주로 생소한 외국 이름을 읽으면서 키득키득 웃었다. 예를 들면 나발, 발람, 발락, 삼마, 욕산, 밉삼, 도갈마, 고라, 마대 등의 이름이다.
 예배를 경건한 마음으로 드리다가도 한 사람이 키득거리며 웃음을 참는 모습을 보면 바로 웃음이 전이되었다. 서로 웃음을 참느라고 애쓰는 것을 보다 보면 결국 웃음보가 터졌다. 그러면 엄격하시던 아버지께서도 미소를 지으시며 즐거운 분위기로 예배를 마치곤 했다.

 아버지께서는 사랑으로 자녀들을 양육하셨지만 하나님께 예배드리는 것에 관해서는 엄격하셨다. 성경책을 타 넘거나 던지는 경우에는 눈물이 나올 정도로 단호히 꾸짖으셨다. 그렇게 예배의 거룩함을 어릴 적부터 가르쳐주셨다.

아버지께서는 자녀들의 신앙 훈련에 철저하셨고, 주일예배 참석은 물론이고 가정예배도 매일 드리게 하면서 신앙으로 살아가도록 교육하셨다. 가정예배를 드릴 때는 보통 신구약 말씀을 통독하였지만, 생일이나 특별한 날에는 다음과 같은 성경 구절을 자주 읽으셨다.

"너는 알지 못하였느냐 듣지 못하였느냐 영원하신 하나님 여호와, 땅끝까지 창조하신 이는 피곤하지 않으시며 곤비하지 않으시며 명철이 한이 없으시며 피곤한 자에게는 능력을 주시며 무능한 자에게는 힘을 더하시나니 소년이라도 피곤하며 곤비하며 장정이라도 넘어지며 쓰러지되 오직 여호와를 앙망하는 자는 새 힘을 얻으리니 독수리가 날개치며 올라감 같을 것이요 달음박질하여도 곤비하지 아니하겠고 걸어가도 피곤하지 아니하리로다"(사 40:28-31).

"여호와를 경외하며 그의 길을 걷는 자마다 복이 있도다… 네 자식의 자식을 볼지어다 이스라엘에게 평강이 있을지로다"(시 128:1, 6).

아버지의 영향으로 가정예배의 소중함을 깊이 깨달아 나 역시 결혼하여 가정을 이루었을 때 남편과 아이들과 함께 가정예배를 드렸다. 가족들이 순번을 정하여 사회를 보고 기도를 하였다. 아이들이 처음에는 하기 싫어했지만 자주 드리면서 훈련이 되어 나중에는 예배 인도와 기도도 곧잘 하였다.

이제 아이들은 다 출가하고 남편과 둘이서 혼동하지 않도록 순번을 적어 예배를 인도하며 매일 가정예배를 드린다. 혹 남편이 수련회를 가거나 할 때는 가정예배의 맥을 이어가기 위해 혼자라도 말씀을 읽고 기도하며 예배를 드린다.

간혹 부부간에 감정이 상할 때가 있지만 밤에 가정예배를 함께 드리면 다음날 아무렇지도 않은 듯이 서로를 대하게 된다. 서로에 대한 불편함이 사라져 버리는 것이다.

가정예배가 생활의 중심이 되어 형통한 삶을 사는 것 같아, 부모님께서 본을 보이신 가정예배의 소중함을 다시금 깨닫게 된다. 결혼한 두 자녀도 가정예배를 드리고 있다는 얘기를 들어 말로 형용할 수 없는 감사와 기쁨이 가득하다. 모든 영광을 하나님께 돌린다.

"사랑하는 자여 네 영혼이 잘됨같이 네가 범사에 잘되고 강건하기를 내가 간구하노라"(요삼 1:2).

나의 아버지

　평안북도 선천에서 사시던 아버지께서는 1949년 어머니와 결혼하시고 처가댁에 가신 지 한 달 만에 나룻배를 타고 월남하셨다.

　오랫동안 배를 타고 오시던 중에 먹을 것이 없고 배가 고파 바닷물을 마셨더니 너무 쓴맛이 나서 도저히 먹을 수가 없었고, 또 바닷물을 부어 밥을 지으면 밥이 파랗게 되면서 역시 쓴맛이 나서 드시기 어려웠다고 하셨다. 그런데 일행 중에 마늘을 갖고 오신 분이 계셔서 마늘을 꼭꼭 씹어 드시며 굶주린 배를 채우기도 했다고 말씀하셨다.

　나룻배를 타셨기에 며칠이 지났는지 모를 정도로 오랜 시간이 걸려(약 20일) 이남에 도착하셨다. 다음날 아침, 바닷가에 가보니 타고 온 배가 풍랑으로 산산조각이 나 있어 하나님께서 무사히 남한으로 내려올 수 있게 지켜주셨음에 감사한 마음이 컸다고 하셨다. 그 후 몇 차례에 걸쳐 심문과 조사를 받은 뒤 자유의 몸이 되어 남한에 정착하셨다.

월남한 가장 큰 이유는 자유롭게 하나님을 믿고 싶으셨기 때문이다. 그래서 북에서 내려오실 때 성경 한 권만 가지고 믿음으로 오셨다고 하셨다. 그 시대는 많이 어려웠기에 농토를 가진 지주들은 안정된 생활을 하였지만, 월남해서 기반이 없는 사람들은 가난에 시달려야 했다. 다행히 큰아버지께서 부산에 위치한 병원에서 근무하셨기에 첫 연고지로 부산에서 생활하시게 되었다.

부모님은 서로 사랑의 마음으로 애지중지하시면서 어려운 생활고를 극복하고 평생 잉꼬부부로 사셨다. 어머니께서는 결혼하시고 얼마 되지 않아 평생 보고 싶어 하시던 친정 가족들과 이별하고 오직 남편을 따라 월남하셨다.

20세의 어린 신부였던 어머니께서는 내성적이시고 말씀이 적으셔서 아버지를 친구요, 아버지요, 남편이요, 동반자로 생각하시며 평생 함께하셨다. 그런 어머니를 아버지께서는 깍듯이 대하며 챙기셨고, 두 분은 서로 존댓말을 사용하시며 예의를 지키셨다. 이런 모습들이 자녀들에게 본이 된 것 같다.

아버지께서는 어머니께서 누우려고 하시면 어느새 베개를 머리맡에 놓으셨고, 가부장제도와 남아선호사상이 앞선 시대였지만 어머니께서 위로 세 명의 딸을 낳았을 때도 구박은커녕 수고했다며 부지런히 집안일을 손수 하셨다.

특히 어머니께서는 외가댁 친척이나 지인이 없는 외롭고 쓸쓸한 남한에서 생활하며 힘들게 출산한 첫딸을 자신의 위로자라고 여기며 지극 정성으로 키우셨다. 그래서 아버지께서는 어머니와 자녀들에게 각별한 사랑을 베풀며 사셨다.

우리 자녀들이 아프면 아픈 곳에 손을 얹고 기도해 주셨는데, 아버지의 기도를 받고 나면 왠지 다 나은 것 같아 마음도 편안해졌다. 아버지께서는 우리가 잘못한 것이 있어도 결코 큰 소리를 내지 않으셨으며, 매일 드리는 가정예배 중에도 우리가 하나님의 사랑을 받으며 훌륭하게 자라도록 간절히 기도해 주셨다.

어떤 경우에는 사람들이 하기 싫어하는 힘들고 어려운 일들을 아버지께서 도맡아 솔선수범하셨다. 이처럼 주위 상황과 환경이 회복되도록 기꺼이 희생하시는 분이셨다.

또한 아버지께서는 신체적으로나 정신적으로도 건강하셨고, 운동신경이 발달하여 노년에도 운전을 잘하셨다. 그래서 차가 필요하여 말씀드리면 언제든지 태워주셨다. 간혹 약속 장소에 정한 시간보다 늦게 나가는 경우에도 화를 내지 않으셨다. "늦어서 죄송합니다"라고 말씀드리면 성경을 읽고 있었다든가 기도하고 있었다고 하시면서 상대방을 편안하게 해주셨고, 목적지까지 여러 가지 대화를 나누며 데려다주셨다.

아버지께서는 성실하셨을 뿐 아니라 만나는 사람들을 늘 배려하고 이해하며 웃는 얼굴로 대하셨다. 그래서인지 아버지를 존경한다든가 닮고 싶다는 분이 많았다.

아버지께서는 경제적으로 넉넉하지 않은 살림으로 인해 젊은 시절 학업을 중단해야 했고, 이후 배우지 못한 아쉬움이 평생 있는 것 같았다. 늘 볼펜과 수첩과 책을 지니고 다니며 쓰시는 습관이 있었다. 그런 이유 때문인지 자녀들에게도 교육에 대한 열정이 있으셨기에, 아버지 혼자 가정의 생계를 책임져야 하는 어려운 살림 가운데서 다섯 자녀를 대학, 대학원까지 졸업하게 하셨고, 믿음으로 키워내셨다.

심지어 어느 목사님께서 부탁하신 가정 형편이 어려운 시골 청년을 데려와 숙식을 제공하며 공부할 수 있도록 도와주기도 하셨다.

아버지께서는 하나님을 사랑하며 말씀대로 사는 것을 생활 원칙으로 삼으셨고, 예수님을 닮고 싶어 하셨다. 사랑, 희락, 화평, 오래 참음, 자비, 양선, 충성, 온유, 절제의 9가지 성령의 열매를 주렁주렁

맺으셨고, 더 나아가 인자와 겸손, 이해와 배려로 관용하시며 생활하셨다. 참으로 성령을 사모하는 믿음으로 언행이 일치되는 생활을 하시려고 무던히도 애쓰셨다.

아버지는 정말 예수님처럼 사셨던 것 같다. 하나님께 겸손히 무릎 꿇는 자의 모습으로 예배를 정성껏 드리셨다. 비가 오나 눈이 오나, 더우나 추우나 새벽에 예배당에 가서 간절히 기도드리는 것이 하나님 품에 거하는 것 같아 편안하고 좋다고 하셨다.

젊으셨을 때는 일하시고 피곤하셨을 텐데 철야예배도 열심히 다니셨다. 물론 주일예배와 수요예배는 늘 늦지 않게 가려고 하셨고, 시간을 지키는 것을 소중히 여기셨다. 이는 하나님께서 마음과 정성을 다해 예배드리는 것을 기뻐하심을 아셨기 때문이다. 모든 것을 하나님의 은혜로 여기며 기도의 힘으로 이겨내셨고, 평생을 하나님과 동행하시면서 형통한 길로 인도해 주신 하나님께 감사드리며 사셨다.

우리 집 가훈은 여느 집과 달리 하나님을 경외하는 마음을 담고 있었다.

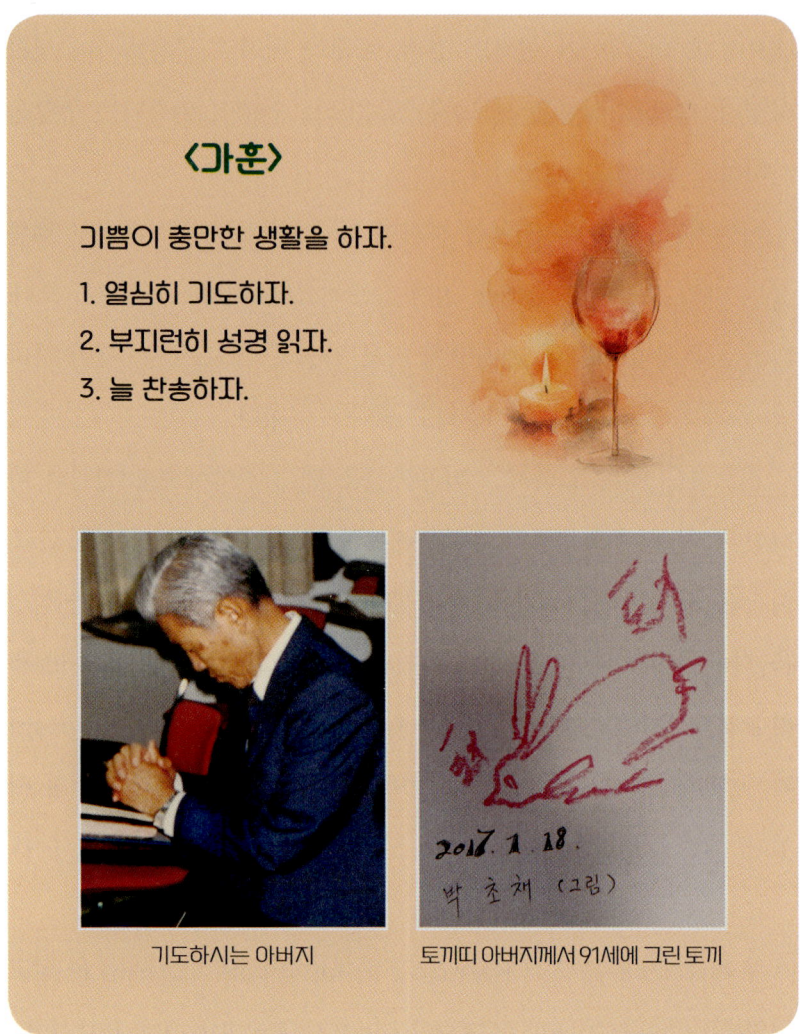

기도하시는 아버지   토끼띠 아버지께서 91세에 그린 토끼

아버지에 관한 이야기는 끝이 없을 정도로 많지만 여기서는 간단히 적어 보았다. 다음에는 좀더 구체적인 아버지의 삶의 모습을 담

아보고 싶다. 아버지를 한마디로 표현하라고 하면 '사랑이 넘치셨던 분'이라고 할 수 있다.

젊었을 때 아버지의 준수한 모습

항상 밝게 웃으시던 아버지

엄마의 눈망울

'엄마'라는 말은 세상 사람 그 누구에게나 가장 친근감을 갖게 하는 단어다. 두 글자를 듣기만 해도 마음이 편해진다. 사람이 태어나면서 가장 먼저 접하게 되는 것이 '엄마의 눈'이 아닐까 싶다. 사랑스러운 자녀의 탄생을 신기한 듯 바라보는 엄마의 눈망울.

어느 순간부터 나는 엄마를 생각하면 맑고 초롱초롱한 눈망울이 떠오른다. 어릴 때부터 엄마가 하늘나라 가실 때까지 그 눈망울은 변함이 없으셨던 것 같다.

성품이 곱고 진실하며 인자하신 엄마의 모습이 눈에서도 느껴졌다. 마치 사슴의 눈과 같이 선하게 보이기도 했던 엄마의 눈망울은 거짓이 없어 당당하고 맑고 초롱초롱하게 빛나곤 했다.

초등학교 시절에 엄마를 따라 시장에 자주 다녔다. 신이 난 나는 이곳저곳을 다니면서 엄마가 물건 사는 것을 재미있게 바라보았다. 내가 사고 싶어 하는 것이 있으면 엄마는 잘 사주시곤 하셨다.

한번은 야채를 구입하시고 거스름돈을 받으셨는데 집으로 돌아가는 길에 거스름돈을 확인하시더니 더 받으셨다며 주인에게 돌려주고 가자고 하셨다.

엄마는 작은 것일지라도 매사에 정직하게 생활하셨고, 본인이 힘들어도 상대방을 불편하게 하지 않으셨다.

가정에서도 무엇이든지 자녀들에게 먼저 의향을 물어보시고 자녀들이 원하는 것을 존중해 주는 방향으로 모든 일을 처리해 가셨다. 물론 남편인 아버지께도 지극정성이셨고, 한마디로 현모양처로 사셨다.

엄마는 가족의 의식주에 관한 모든 일을 손수 처리하시고, 세탁기가 없던 시절 일곱 명 가족의 옷을 직접 손빨래로 다 하시며 깨끗하게 입히셨다. 그래서 지금도 우리 가족들은 깔끔하게 생활하는 습관이 있다.

부모님께서는 교회에 다니시며 각각 장로와 권사의 직분을 맡아 섬기고 봉사하셨는데, 부서에 소속된 교인들을 집으로 초대하는 경우가 많았다. 엄마는 그때마다 많은 교인의 음식을 거뜬히 차렸고,

교인들은 편안하게 대접을 잘 받고 간다며 인사를 하시곤 했다. 그때 엄마 옆에서 즐겁게 시중을 들며 훈련받은 덕분에 나 역시 우리 집에 많은 손님이 와도 상차림 접대를 잘 감당할 수 있게 되었다.

자녀들의 헤어 스타일에도 엄마의 솜씨가 큰 역할을 했다. 직접 커트해 주셔서 단발 스타일의 단정한 모습으로 다니게 해주셨고, 두 갈래로 머리를 땋아 주기도 하셨다. 나도 미용을 배워 남편과 내 머리를 직접 커트하며 다듬고 다닌다. 많은 분이 너무 멋지다고 칭찬하시지만 실상은 손수 다듬은 헤어 스타일이다.

엄마는 노년에 몸이 불편하셔서 요양보호사가 집에 상주하며 도와주셨다. 그러나 요양보호사는 주말에 하루 휴가를 쓰도록 계약이 되어 있어 주말에 엄마랑 하룻밤을 지내는 경우가 종종 있었다. 당시는 대학원에 다니던 시기였기에 시험공부나 과제를 엄마 집에 가서 하게 되었다. 엄마는 내가 과제를 하는 모습을 물끄러미 바라보시며 "직장에 다니면서 공부하느라 너무 애쓴다" 하며 격려해 주셨고 기도도 해주셨다.

이때 나를 바라보시던 엄마의 눈망울은 어릴 때 엄마를 바라보며 마주쳤던 그 맑고 초롱초롱한 눈망울이었으며, 나는 그 속에서 예수님을 온 정성으로 믿고 섬기셨던 엄마의 진실되고 맑은 성품을 느꼈다. 이제 엄마는 고인이 되셨지만 그 맑고 초롱초롱했던 눈망울은 내 가슴에 고이 간직되어 있으며, 나도 그런 눈망울을 닮고 싶다.

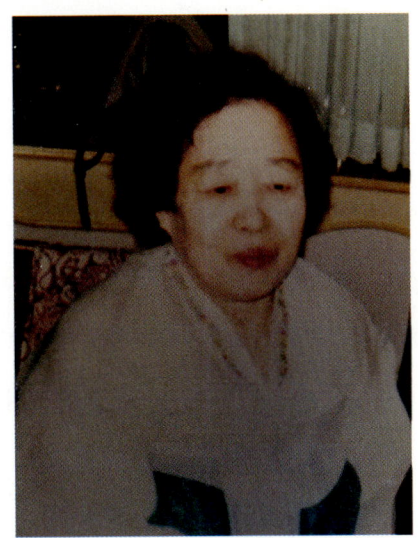

인자하신 엄마

부모님의 신앙

　부모님께서 물려주신 가장 값진 유산은 신앙과 사랑이다. 이 두 가지는 부모님께서 하나님을 만남으로 인해 자연스레 삶에서 배어 나온 것이다. 부모님의 인생 여정은 희노애락의 집합체로, 다양하게 메꿔지고 녹아든 행보들이다. 또한 하나님과 동행하는 삶으로 장편 소설을 써도 다 표현할 수 없는 긴 역사책이다. 여기서 부모님이라는 주제에 맞춰 글을 쓰긴 했지만, 이는 짤막한 단편에 불과하다. 그럼에도 불구하고 부모님을 추모하는 마음으로 몇 자 적어 본다.

1. 신앙편

　이북 평안북도 선천군에서 사시던 두 분은 1949년 12월 8일, 고향에서 서로 사십 리 떨어진 지역에서 이성호 목사님과 박병돈 전도사님의 중매로 만남을 갖게 되셨다.

아버지께서는 요즘으로 치면 탤런트 뺨칠 정도로 용모가 단정하고 잘생긴 신앙 좋은 성실한 청년이었다. 형님이 중국으로 유학을 가셨기에 둘째이지만 어머니와 동생들을 보살피며 가장 역할을 감당하셨다.

어머니께서는 믿음 좋고 얌전한 규수로 동네에 소문이 나서 교회에서 서로 탐내는 처자였다. 수줍음을 잘 타는 조용한 성품의 어머니와 아버지가 서로 소개를 받아 아버지가 22세, 어머니가 20세였던 꽃다운 나이에 평북 학현교회 전도사님(고 임택진 목사님)의 주례로 혼인식을 올리게 되셨다.

두 분은 임 전도사님께서 목회하시는 교회에 다니시면서 신앙이 깊어졌고, 그렇게 교회 중심적인 생활을 하시다 북한이 공산화되면서 신앙생활이 어려워지자 조부모님의 권유로 월남하시게 되었다.

아버지의 가족은 6남매 중 4형제가 월남하셨다. 하지만 어머니께서는 결혼 후 시댁에서 몇 개월 지내시고 친정에 한 달쯤 머무르다가 고갯마루에서 손을 흔들면서 헤어진 할머니의 마지막 모습을 그리워하며 평생을 살아오셨다. 어머니는 누구보다 정직하게 살아오신 천사 같은 분으로, 오로지 남편을 의지하고 이남에 내려오시게 되었다. 친정 가족과 지낸 며칠 뒤 밤에 갑자기 배가 뜬다고 해서 밤 12

시에 밥을 해 먹고 짐 챙길 겨를도 없이 배삯과 옷가지와 성경책 한 권을 들고 나오셨다. 쪽배를 타고 나와 큰 고깃배로 갈아탄 다음엔 망망대해의 기나긴 항해가 시작되었다.

그때가 1950년 5월 15일로 6·25 전쟁이 일어나기 한 달 전쯤이었다. 두 분은 왜, 어떻게 남한으로 내려오셨을까? 이북 고향에서 예수 믿는 청년들을 못살게 비판하고 타도하는 일이 밤마다 계속되자 두 분은 이남으로 내려가 살기로 결심하셨다. 배에는 아이, 어른, 노인 할 것 없이 총 32명이 탔다.

가도 가도 끝이 없는 바다에서, 가지고 온 쌀과 물이 떨어지고 햇볕은 내리쬐고 모두 다 갈증으로 목말라 힘들어하는데, 누군가가 가지고 온 마늘을 한 톨씩 나눠줘서 그 즙을 빨아먹고, 아침이슬을 혀로 핥아먹으며 서로 위로하며 지냈다. 18일 동안 비도 내리지 않는 상황에서 낮엔 배 밑에 숨어 죽은 듯이 지내고, 밤엔 별을 바라보며 긴박한 순간들을 기도로 이기며 잘 헤쳐 나갔다.

드디어 육지가 보여 "여기가 어디냐?"라고 물으니 연평군, 남한이라고 했다. 그 소리를 듣고 내리자마자 물을 몇 바가지 들이켰는데 탈도 나지 않고 어지럼증도 사라졌다고 하셨다.

부모님께서는 이북에서 성경책 한 권을 들고 내려오셔서 "진리가 너희를 자유롭게 하리라"라는 말씀을 붙잡으셨다. 오직 하나님을 믿기 위해 위기의 상황에서 월남하시면서 가장 소중한 보물로 가져오신 것이 아버지께서 읽으시던 성경 한 권이었다.

아버지께서는 신앙심이 돈독하셔서 교회에서도 앞장서서 섬기시고, 총각 때부터 바위를 자리 삼아 산 기도로 믿음을 다져 19세에 총각 집사로 임명될 정도였다. 장로 임직도 40세에 받으셔서 평생 하나님의 은혜로 사셨다.

아버지께서 월남하면서 가지고 오신 성경, 찬송가

또한 어머니께서도 권사 임직을 40대에 받으셔서 섬김과 봉사에 앞장서셨다. 바쁜 일상에서도 틈나실 때마다 산 기도와 부흥회를 다니시면서 신앙이 약해지지 않고 몸에 배도록 훈련하셨다.

결혼 후 두 분이 함께한 시간이 67년이나 되었지만 늘 변치 않는 믿음으로 신앙생활을 하셨고, 눈이 오나 비가 오나 추우나 더우나 변함없이 주의 전을 사모하며 하나님 앞에 온전히 서기를 바라는 마음으로 일평생을 사셨다.

미국과 캐나다 여행 중에 다정한 두 분

부모님께서는 두 분 모두 91세에 연수를 다하셨는데, 마지막까지 믿음의 삶을 살아가도록 자녀들에게 당부하셨다. 다섯 명의 자녀는 각각 가정을 이루어 부모님처럼 믿음의 가정을 세우려고 신앙 훈련을 하고 있으며, 자녀와 손자녀들이 할아버지, 할머니의 신앙을 잘 계승할 수 있도록 기도하고 있다.

2. 사랑편

하나님을 사랑하고 말씀대로 지켜 행하려 애쓰셨던 부모님께서는 마태복음 22장 37-39절 말씀이 생활화되는 것을 기본으로 생각하시고 몸소 실천하며 자녀들에게 본이 되셨다.

"예수께서 이르시되 네 마음을 다하고 목숨을 다하고 뜻을 다하여 주 너의 하나님을 사랑하라 하셨으니 이것이

크고 첫째 되는 계명이요 둘째도 그와 같으니 네 이웃을 네 자신같이 사랑하라 하셨으니"(마 22:37-39).

특히 어머니께서는 결혼한 지 얼마 되지 않아 아버지를 따라 홀로 이남에 오셔서 평생 외로움과 힘든 마음과 육체적 약함으로 고생을 많이 하셨다. 예전에는 지금처럼 병원에서 수술하는 것이 쉽지 않아 맹장염과 탈장 등으로 오랜 시간 동안 어려움을 겪으셨고, 치료가 어려워 회복되는 시간도 오래 걸렸다. 그리고 산부인과를 가지 않고 집에서 자녀를 출산하셨으므로 출산 후 탯줄과 하혈로 인한 어려움도 컸다. 이처럼 없는 살림에 다섯 자녀를 낳아 양육하시다 보니 위궤양과 무릎 관절 문제로 인해 오랫동안 약을 복용하시면서 고생을 많이 하셨다.

아버지께서는 직장을 다니시면서 가정 경제를 위해 노력하셨지만 워낙 살림이 넉넉지 않아 어려움이 많았다. 그러나 집에서 혼자 자녀를 돌보느라 고생하는 아내의 사정 또한 잘 아셨기에, 집에 오시면 피곤하실 텐데도 가정의 크고 작은 일을 전심으로 도우셨다. 퇴근하여 집에 오실 때는 반드시 가족들이 맛있게 먹을 간식을 손에 들고 들어오셔서 사랑하는 아내와 자녀들과 감사 기도를 한 후 도란도란 이야기하며 맛있게 나누어 먹는 시간을 만드셨다.

어머니께서 몸이 약하셨으므로 아버지께서는 언제나 앞장서서 어머니의 오른팔 역할을 감당하셨다. 어머니께서 누우려고 하시면 어느새 베개를 갖고 오셔서 먼저 머리에 내려놓으실 정도로 어머니를 사랑하시고 보호하셨다. 또한 몸이 불편하신 어머니의 다리 역할을 하기 위해 60세 때 운전면허증을 취득하여 많은 도움을 주셨다. 노년에는 언제나 두 분

부모님 금혼식 순서지에 실린 자녀들의 인사말

부모님 금혼식 가족 사진

이 손을 꼭 잡고 다니셔서 주변 분들이 부러워하는 '잉꼬부부'의 칭호도 받으셨다.

두 분은 늘 서로 경어를 쓰셨고, 우리 자녀들은 큰소리치며 싸우시는 두 분의 모습을 본 적이 없다. 자녀들에게도 큰 소리를 내며 지도하기보다 자녀들의 의사를 먼저 물으며 양육하셨고, 사랑으로 자녀들을 교육하셨다.

또한 가정에 크고 작은 일이 생기면 함께 하나님께 기도하며 해결해 가셨다. 부모님께서는 삶으로 자녀손들에게 선한 영향력을 끼쳐 주셨고, 존경의 대상이 되셨으며, 신앙 안에서 서로 사랑하는 삶의 모범이 되어 주셨다.

이제 다섯 자녀 모두 가정을 이루어 각자 자녀들을 양육하게 되었는데, 하나같이 부모님처럼 믿음의 본을 보이며 자녀를 양육하고 싶다고 말한다. 그러나 부모님처럼 하기가 쉽지 않음을 느낀다. 우리 형제자매들은 기도하시면서 사랑으로 자녀들을 양육하신 부모님의 방법이 모범적이라는 것을 알기에 그것을 닮아가기를 원한다.

> "항상 기뻐하라 쉬지 말고 기도하라 범사에 감사하라 이것이 그리스도 예수 안에서 너희를 향하신 하나님의 뜻이니라"(살전 5:16-18).

동반자

　동반자는 '짝이 되어 여러 가지 일을 함께 하는 사람이나 집단'이라는 사전적 의미가 있다. 우리에게는 직업이나 취미, 운동, 인생, 여행 등 다양한 분야의 동반자들이 있다.

　나는 지금 나의 인생 동반자에 대해 이야기하고자 한다.
　바쁜 직장 생활로 결혼을 늦게 하게 되면서 배우자에 대해 이모저모 생각하게 되었다. 사람들은 일반적으로 배우자가 될 사람의 종교, 취미, 외모, 학업, 성품, 유머, 소유, 가족 사항, 소비성향, 꿈 등을 살핀다. 요즈음 젊은이들은 더 나아가 매너가 좋은지, 키는 어느 정도인지, 얼굴색이나 얼굴형은 어떤지, 어떤 운동 종목을 좋아하는지, 취미가 무엇인지, 부모님은 어떤 분인지, 어느 분야에 비전을 갖고

있는지 등 좀더 구체적인 덕목을 살피며 배우자를 신중하게 정하려고 한다.

나의 경우에는 우선 신앙이 같고 나보다 더 믿음이 신실했으면 했다. 둘째는 일상생활에서 성실하고 다방면에 능력이 있으면 좋겠다고 생각하였다. 셋째는 나에게 없거나 부족한 것을 채워줄 수 있다면 두 사람이 하나가 되었을 때 더욱 하나님께서 원하시는 부부가 될 수 있으리라고 생각하였다.

이 외에는 크게 신경 쓰지 않았다. 주로 소개를 통해 사람을 만났는데, 선을 보거나 소개받는 것도 사실 부담이 되었지만 그렇다고 연애도 하지 못하는 성격이었기 때문이다.

그러다 어느 해 새해를 시작하면서 CCC 선교단체에서 진행하는 원단 금식수련회에 갔을 때, 여러 주제 중에 '배우자 만남'에 대해 멤

버들과 함께 대화를 나누게 되었다. 그런데 그것이 배우자와의 만남에 대한 부담이 없어지는 계기가 되었다. 만남을 통해 형제와 편안하게 신앙 이야기를 하다 보면 상대가 이성이라는 심리적 부담감을 떨치게 되고 상대방을 존중하게 되면서 믿음으로 교제가 자연스럽게 이루어진다는 사실을 알게 되었기 때문이다. 그 이후 만남을 갖게 되면 자연적으로 신앙적인 대화로 연결되었고, 서로 부담을 갖지 않고도 만날 수 있을 것이라는 기대감이 생겼다.

하지만 나는 내가 정한 앞의 세 가지를 기준으로 만남을 가졌고, 그 시절에는 노처녀라고 하는 나이에 마침내 배우자를 만났다. 부모님께서는 내가 결혼에 대해 스트레스를 받지 않게 하셨고, 최대한 나의 의사를 존중해 주시면서 날마다 기도해 주셨다.

1989년 9월 2일 아버지 생신날에 두 집안 사정을 잘 아시는 분께서 직장 근처에 위치한 하얏트호텔에서 만남을 갖도록 주선해 주셨다. 직장에서 가까운 곳이어서 퇴근하면서 좀 이른 시간에 도착해 상대방을 기다리고 있는데, 시간이 지나도록 오지 않아 갈등이 되었지만 마음을 다잡고 차분하게 기다렸다. 약속 시간이 30분 정도 지났을 때 상대방이 얼굴뿐 아니라 셔츠까지 땀으로 흠뻑 젖은 모습으로 나타나 늦어서 미안하다고 여러 번 말하였다.

나에게는 두 가지 생각이 교차했다. 먼저 첫 만남이니 화장실에 가서 땀이라도 닦고 와서 상대를 보는 예의라도 있었으면 좋았을 텐데 하고 생각했다. 그리고 다른 한편으로는 늦은 상황에서 약속을 지키려고 미안한 마음으로 바삐 오느라 줄줄 흘러내리는 땀도 닦지 못한 상태로 뛰어 들어오는 그의 모습에 약속의 소중함을 아는 사람이라는 생각이 들었다. 나는 그를 좋은 이미지로 받아들였다.

대화를 나누다 보니 부모님께서는 교회 직분자이시고 본인도 어릴 때부터 교회에 다니면서 중·고등부, 청년부 회장도 했는데, 지금은 홀로 상경하여 직장 생활을 하면서 그냥 교회 출석만 하고 있다는 것을 알게 되었다. 또한 열심히 살아온 지난 시간과 앞으로의 꿈과 일상에 대한 이야기를 들으면서 그의 성실함과 능력을 인정하게 되었다.

그러나 현재 자신이 목표하고 있는 일 때문에 결혼은 좀더 미루고 싶다고 하였다. 나는 '그의 현재 믿음은 약한 상태지만 상대방을 객관적으로 봤을 때 49:51이라면 1%를 채워 가며 살면 되지 않을까?'라고 생각하게 되었고, 그의 성실함과 능력이 내가 세운 기준에 적합하다고 보았다.

두 노총각, 노처녀의 만남은 양가 부모님께서 더욱 관심을 가지셨기에 상대방이 아주 싫지 않다면 혼사를 정하자고 하셨다. 그렇

게 양가 부모님과 상견례를 하였고, 어른들께서 만족하셔서 무엇이 급했던지 일사천리로 만난 지 68일이 되는 1989년 11월 18일에 결혼식을 올렸다.

늦게 만났기 때문인지 과거에 대한 이야기보다 앞으로 살아갈 날들을 위해 계획을 세우면서 결혼을 했지만, 한동안 연애하는 느낌을 갖고 살아갔다. 그러면서 아들, 딸 두 명의 자녀를 출산했는데, 이제 그들도 성인이 되어 배우자를 만나 가정을 이루어 알콩달콩 잘 살아가고 있다.

지금 와서 돌아보니 결혼 35년간의 생활에서 내가 기도하며 원했던 배우자에 대한 세 가지 바람이 모두 이루어진 것 같다.
그와는 성격이나 생각하는 면이 서로 다름을 알게 되었지만, 원했던 바이기에 긍정적으로 생각하며 받아주었다. 이제는 서로의 감

정이 불편하면 손 편지를 주고받으며 문제를 해결해 가는 부부 사이가 되었다.

그는 책임 있는 가장으로 둘째가라면 서러울 정도로 성실하고 능력을 갖춘 가정적인 사람이다. 또한 지금까지 성경을 네 번 필사하였고, 교회 생활도 열심히 하며 노회 활동까지 적극적으로 하는 믿음의 사람이다. 그는 사업가로 자유로운 반면, 나는 교직에서 규칙적인 생활을 하다 정년퇴직하였다.

그가 이제껏 가족과 가정을 위해 헌신하고 수고해 준 것이 감사하여 남은 인생은 그가 하고 싶어 하는 것에 맞추어 살아가겠다고 다짐했다. 그는 현재 여행을 좋아해서 세계 지도와 국내 지도를 벽에 붙여놓고 하나둘씩 가고 싶은 곳과 다녀온 곳을 체크하며 설렘을 가지고 신나게 살아가고 있다.

나도 합세하여 다음 행선지를 지도에서 가리키며 서로 묻고 답하면서 인생의 동반자로서 함께 기쁨을 나누며 아름다운 인생 여정을 걸어가고 있다.

어느 가수가 부른 "동반자"라는 노래 가사가 생각나 적어 보았다.

당신은 나의 동반자 영원한 나의 동반자
내 생애 최고의 선물 당신과 만남이었어
잘살고 못사는 건 타고난 팔자지만
당신만을 사랑해요 영원한 동반자여
영원한 동반자여 영원한 동반자여

시어머니는

나는 삼 형제를 둔 집안의 장남과 결혼하였다. 동생들은 이미 결혼하여 가정을 이루었고 자녀들도 한 명씩 있었다. 요즈음은 결혼을 늦게 하는 편이지만 당시에는 20대에 결혼하는 것이 추세여서 30대 중반이면 늦은 나이였는데, 어쨌거나 동갑내기와 결혼하게 되었다.

시댁에서는 나이 많은 아들의 결혼이 늦어지는 것에 걱정을 하셨기에 친척의 중매로 만남이 이루어지자 빠르게 상견례를 진행하였고, 무엇이 그리 급했는지 혼인식은 만난 지 두 달 반 만에 성사되었다.

시어머니께서는 나이 많은 아들의 아내인 맏며느리를 특히 예뻐해 주셨다. 시댁에 다녀오는 날에는 체중이 불어나 있을 정도였다. 시어머니는 자녀들이 각자 식성에 따라 맛있게 먹도록 늘 가지각색 구색을 맞춰 진수성찬으로 손수 음식을 준비하셨는데, 며칠을 머물든지 매끼 다른 음식을 내셨으며, 손맛이 있으셔서 깔끔하고 입맛을 돋우는 음식들을 잘 만드셨다.

우리는 서울에 살면서 주로 명절 때나 주말에 지방에 계시는 부모님을 방문했다. 그럴 때마다 설거지조차 허락하지 않으셨고 함께 이야기 나누기를 즐겨하셨다. 손주들을 예뻐하셔서 좋아하는 놀이나 물건이 있으면 최상으로 준비해 주시는 모습에 늘 감사한 마음이 가득했다.

시어머니께서는 늦게 결혼한 맏며느리에게 해줄 말씀이 많으셨는지 집안에 대한 이모저모를 말씀해 주셨고, 신앙 이야기나 본인의 힘든 부분도 진솔하게 말씀해 주셔서 시어머니와는 어느 순간부터 편안한 관계가 되었다. 평소 자주 통화도 했고, 궁금하거나 불편한 점을 이야기하면 시어머니는 언제든지 긍정적인 답으로 나의 마음에 위로와 힘을 주셨다.

이제 내 나이 70세를 앞두고 며느리를 맞이하여 예전에 시어머니와 나눈 사랑의 마음을 그리며 그를 대하고 있다. 요즘 결혼한 젊은 여성들은 단어에 '시' 자만 들어가도 멀미하거나, 복통이나 두통이 오고, 생각이 복잡해지며, 마음이 힘들다고 한다. 처음 시댁에 갔을 때 나도 그러하였다. 그러나 시어머니와 많은 대화를 하며 친근감을 갖게 되면서 그러한 염려들이 없어졌고 어느 순간부터 시댁이 편해졌다.

며느리의 심정을 알기에 시댁이 불편한 곳이라는 느낌을 갖게 하고 싶지 않아 나는 며느리를 딸처럼 대하기로 하고, 집에 오면 아들과 편히 쉬도록 한다. 설거지를 하려고 하면 만류하다가 간단한 설거지는 며느리와 아들이 함께 하게 하고, 설거지는 자녀들이 돌아간 후에 하고 그보다는 일상에서 일어난 일들을 나누며 고부간의 관계를 아름답게 가꾸어 가려고 하고 있다.

내가 시어머니와 대화를 나눌 때 흥미롭게 들으며 질문했듯이 나의 사랑하는 며느리도 내 말에 귀를 기울이며 화답을 잘해 주어 이야기가 끝나지 않을 정도로 즐겁게 대화를 나눈다.

특히 믿지 않는 가정에서 자란 며느리는 신앙 이야기를 하면 눈을 반짝이며 귀를 기울일 뿐 아니라, 평소 종교에 대해 궁금하게 생각하던 부분도 많이 질문한다. 그렇게 서로 가치관의 차이에 대해 부담 없이 대화를 나누다 다음에 만나서 또 이야기하자며 끝내는 경우가 많다. 며느리와 함께 살아가는 이야기를 진솔하게 나누는 시간이 정말 행복하다.

"고운 것도 거짓되고 아름다운 것도 헛되나 오직 여호와를 경외하는 여자는 칭찬을 받을 것이라"(잠 31:30).

시어머니는

동서들

    동서들과 함께 대화를 나누는 시간은 빨리 지나갈 뿐 아니라 편하게 느껴진다. 남들처럼 쓸데없는 수다를 떨거나 또 험담하거나 시샘하는 일도 없기에 서로에 대한 신뢰가 돈독함을 느끼게 된다.

    장남의 아내가 되자 자연적으로 동서들은 나를 '형님'이라고 불렀다. 두 명의 동서와 나이 차이가 6~15세 정도 나지만, 위아래 동서지간에 함부로 행동하지 않고 서로의 인격을 존중하며 대하니 오히려 친밀도가 더해지며 서로를 세워주는 관계가 되었다.

    손윗사람으로서 집안일에서 그들의 고충과 의견을 충분히 듣고 이해하며 그들에게 필요한 사항이 무엇인지 알고 협의하여 대화를 나누다 보니, 진솔한 마음이 생기며 위로와 격려로 서로 보듬어 주게 된다.

시부모님께서는 살아 계실 때 결혼한 우리 형제 부부들에게 "믿음 생활을 잘하며 형제간에 우애가 있어야 한다"라는 말씀을 자주 하셨다. 특히 아버님께서 하신 말씀이 늘 귀에 쟁쟁하여 형제 모임을 자주 갖는 편이다.

형은 동생들에게 책임감을 갖고 보살피려는 마음이 많고, 동생들은 형의 뜻에 거의 순종하는 자세이기에 불평, 불만이 거의 없다. 그러기에 며느리들 즉 동서지간에도 자연적으로 우애가 돈독해지고 서로를 존중하는 마음으로 지내게 된다.

두 동생은 집 마당에서 자그마한 텃밭을 가꾼다. 바쁜 직장 생활 중에도 동서들은 텃밭에 공들인 만큼 수확을 하여 이웃들에게 나누며 베푼다. 또 그들은 만날 때마다 밭에서 자란 싱싱한 채소들을 가져와 나누어준다. 그때마다 그들의 마음이 따뜻하게 느껴져 기쁘게 받는다.

비싸고 큰 선물은 아니지만 정성껏 재배해서 생산해 낸 농산물의 소중함을 알기에, 그들이 가져온 꾸러미들에서 따뜻한 마음을 느끼며, 그것으로 음식을 만들어 먹으면서도 그들의 수고의 땀방울에 감사하게 된다.

동서들 ~~ 많이 사랑하네!!!

나이

　요즈음 사람들은 '100세 시대'라는 말로 장수할 것을 기대하며 살아간다. 의료 기술이 발전하고, 병을 치료해 주는 약들이 개발되며, 건강을 유지시켜 주는 건강식품들도 많이 나와 사람들은 저마다 100세를 향해 열심히 준비하며 달려가는 것 같다.

　구약성경에 기록된 최장수 인물은 '므두셀라'로 969세까지 살았다고 한다. 그러나 노아 시대에 와서 인간들이 심히 악한 죄를 지음으로 홍수로 멸망당하면서, 창세기 6장 3절에는 "여호와께서 이르시되 나의 영이 영원히 사람과 함께하지 아니하리니 이는 그들이 육신이 됨이라 그러나 그들의 날은 백이십 년이 되리라 하시니라"라고 기록되어 있다.

하나님께서 120세까지 약속하셨으니 지금 말하는 100세보다 20여 년은 더 살 수 있다.

예전에 어머니께서는 정신적으로는 건강하셨지만 위궤양, 관절질환, 실명 등 신체적으로 약하셔서 누워 계실 때가 많았다. 오랫동안 누워 지내시면서 자주 하신 말씀은 "60세에는 시간이 60km로 가는 것같이 느껴졌는데, 70세가 되니 70km, 80세에는 80km, 90세가 되니 90km로 너무 빨리 가는 것 같다"는 것이었다.

아직 해외여행을 많이 다니지 않던 그 시절에 부모님께서는 잉꼬부부로 오대양 육대주 여행을 다 하셨을 정도로 많이 다니셨다(어머니께서 다리가 불편하셨음에도…).

누워 계시면 많이 지겹고 불편한 부분들도 있으셨을 텐데 그런 내색은 안 하시고 지난날들, 특히 오대양 육대주와 금강산 관광하신 것을 즐거운 마음으로 추억하시면서 세월이 너무 빨리 간다고 늘 말씀하신 것 같다.

부모님께서는 모두 육체적인 약함이 있으셨지만 영적, 정신적으로는 강건하셔서 두 분 다 91세에 연수를 다하시고 하늘나라로 가셨다. 이제 내 나이도 부모님처럼 노년이 되어 70세에 이르렀다.

'앞으로 몇 살까지 살 수 있을까? 건강하게 살아야 하는데…. 어떻게 살아야 잘 살고 잘 죽을 수 있을까?' 스스로에게 깊이 물어보면서, 내일 일은 내일 염려하고 주님과 함께 오늘 하루를 의미 있게 최선을 다하며 행복하게 사는 것이 중요하다는 생각을 하게 된다.

일평생 하나님을 기쁘시게 하며 살다 죽지 않고 하늘나라로 간 에녹과, 잉꼬부부로 하나님과 동행하는 삶의 본을 보이신 부모님을 닮고 싶은 마음이 더욱 간절해진다.

수정확대가족

아파트 연못 주변에 어느 작가의 '가족'에 대한 석고상이 있는데, 함께 적어 놓은 작품의 의미가 눈에 띄었다.

"일상에서 자주 접하는 가족의 정겨운 모습이 곧 우리의 모습이라고 생각되며, 어릴 적 그리움을 부모님과 함께한 나들이로 표현하였다. 가족의 형태가 주위와 동화되고, 보는 이들과 공감할 수 있기를 바라며 잊혔던 시간과 지금의 시간을 다시금 생각할 수 있는 여유를 갖기를 표현하였다."

사전에서 '가족'은 '주로 부부를 중심으로 한 친족 관계에 있는 사람들의 집단 또는 그 구성원이며 혼인, 혈연, 입양 등으로 이루어진

'가족'이라는 제목의 석고상

다'라고 되어 있다.

    요즈음 가족은 시대의 흐름 사회·경제적 요인에 따라 다양한 모습으로 나타나고 있다. 가족의 형태 변화로 인해 가족 구성원도 다양해지고 있다.

    가족에 대해 한마디로 정확하게 정의하기는 어렵지만, 어떤 사회집단보다 인간의 욕구를 충족시켜 줄 잠재력을 지니고 있는, 현대인에게 꼭 필요한 제도라고 할 수 있다.

    가정의 유형에는 확대가족, 핵가족, 한부모가족, 다문화가족, 조손가족, 재혼가족, 독신가족 등 다양하다. 우리나라는 초기 단순한 농경사회에서 모든 욕구를 충족시킬 수 있는 집단으로 대가족 제도가 이루어져 가족들이 함께 생활하는 유형이 오랫동안 계승되었다. 그러다 현대에 와서는 산업화·정보화로 가족의 기능이 많이 변화함에 따라 핵가족 제도가 유행하더니 요즘은 독신가족이 늘어나는 추세다.

여기서는 여러 유형의 가족 형태 중에서도 개인적으로 가장 바람직한 가정으로 여겨지며, 현대에 와서 새롭게 조명되는 확대가족의 변형인 수정확대가족에 대해 언급해 보려고 한다.

부모님께서는 지방에 거주하시다 서울로 이사한 후 A 지역의 한 아파트에서 생활의 터전을 이루셨다. 이때만 하더라도 형제 중 위로 두 명은 결혼하였고 세 명은 미혼이었다.

그러나 다섯 명 모두 결혼한 후에는 부부가 직장을 가진 가정마다 자녀 양육에 어려움이 있었고, 나는 부모님께서 섬기시는 교회에 함께 다니려고 부모님 댁 근처로 이사를 하게 되었다.

지방에서 생활하는 두 명은 귀경할 때마다 부모님을 방문하였고, 세 명의 자녀는 가까이에서 부모님의 외로움을 달래드렸다. 그러다 생활하시는 것마저도 불편해지셔서 부모님 댁 근처 아파트에서 살게 되었다.

자연적으로 지방에서 올라오는 형제들이 부모님을 찾아뵐 때면, 주변에 있던 형제들도 부모님 댁을 방문하는 것이 일상처럼 되었고,

부모님께서 둥지가 되어 주셔서 형제들의 만남이 자주 이루어졌다. 우리는 만날 때마다 정다운 눈길로 많은 대화를 주고받고 음식도 나누어 먹으면서 정을 쌓는 귀한 시간을 보냈다.

함께 모이는 날에는 자녀들도 데리고 가다 보니 사촌 간에 친분도 돈독해지고 마치 예전의 대가족과 같은 상황이 되었다. 삼촌, 사촌, 오촌이 모이는 장소로 큰아빠, 큰엄마, 작은아빠, 작은엄마, 외삼촌, 외숙모, 삼촌, 고모, 이모, 누나, 오빠, 언니, 동생 등 다양한 가족 관계의 호칭이 불리게 되었다.

하지만 생활하는 처소가 다르므로 평소에는 각자의 환경에서 지내다 집안 행사가 있거나 형제들이 지방에서 오면 모이는 경우가 많았다. 그럼에도 부모님께서 가까이에 거주하시므로 오다가다 종종 들르곤 했다. 간식이나 음식을 만들어 자녀 세 명이 번갈아가며 들렀기에 부모님께서는 심심할 겨를이 없이 이 자녀, 저 자녀를 반갑게 맞이하며 일상의 이야기를 나누게 되었다. 마치 부모님께서 자녀들과 함께 사는 듯한 느낌일 것 같았다. 그렇게 부모님께서 구심점이 되어 가족들이 자주 만나게 되다 보니 안정된 생활을 하며 지낸 것 같다.

때로 자녀 양육에 어려움이 있는 경우 부모님께 의논드리면 지혜로운 대처 방안을 말씀해 주셨고, 손주들도 어렵고 힘든 일이 있을 때 할아버지와 할머니께 말씀드리며 힘과 용기를 얻기도 했다. 부모님의 내리사랑은 끝이 없어서 손주들을 정말 예뻐하셨다. 사랑으로 늘 안아주시고 쓰다듬어 주시면서 하나님의 자녀로 훌륭하게 자라도록 기도해 주셨다.

또한 가까이에 거주하시므로 바쁜 일이 있어서 아버지께 차를 태워 달라고 말씀드리면 항상 반갑게 "곧 가겠다"고 답하셨다. 운전면허증이 있어도 운전을 하지 않아 아버지께 운전을 부탁드리면, 내가 불편하고 미안한 마음을 갖지 않도록 긍정적으로 말씀하시며 목적지까지 태워 주셨다.

또한 자녀들이 사춘기가 되어 부모와 갈등이 있을 때 가끔 할아버지 댁에 가서 위로와 용기를 얻고 오면서 사춘기의 위기를 자연스럽게 극복하기도 했다.

수정확대가족은 가족 구성은 확대가족과 동일하지만 한 집에서 살지 않고 서로 가까운 데 살면서 자주 만나거나 돕는 가족의 형태로서 생활하는 데 많은 장점이 있는 것 같다. 부모님께서는 항상 "자녀들이 가까이 살아 행복하다"라고 하셨다. 현재 언니 두 명도 결혼한 자녀들과 근거리에서 살고 있으며, 나 또한 자녀들과 가까이에서 지내며 행복하게 살아가고 있다.

어쩌면 핵가족의 형태에서 개인의 사생활은 보장받으며 살지만 가까이서 상호보완하면서 생활하는 형태가 아닐까 생각한다. 빌라에서 살든지, 아파트에서 살든지 주거 형태에 구애받지 않고 어떤 주거지에서든 가능한 것이 또 장점인 듯하다.

부모님이 연세가 많으셔서 거동이 불편한 경우, 부모님이 병원 진료나 식사 조달이나 물품 구입 등 일상생활이 어려운 경우, 또는 직장 생활해서 양육에 어려움이 있는 경우 등을 보완해 줄 수 있다고 볼 수 있다.

특히 현대사회는 정보사회가 가지는 특성으로 인해 대면적인 인간관계가 제한된다. 가족 구성원 간의 정서적인 유대감, 정체성, 애정, 지지와 격려 등 정서적인 욕구를 만족시키는 역할과 기능이 더욱더 강조되는 가운데, 수정확대가족이 가족의 기능 중 자녀 양육과 사회화 기능, 보호 기능, 여가 및 오락의 기능, 애정의 기능, 안식처로서의 기능을 충분히 이루어 가족들이 다 함께 행복한 생활을 누리게 하리라 확신한다.

난 사람, 된 사람

    가치관의 기준을 어디에 두고 살아가느냐에 따라 인생의 방향은 크게 달라진다. 우리나라는 땅에 비해 인구 밀도가 높아 자연적으로 경쟁 구도가 만들어지게 된다. 그러다 보니 어느 분야든 우수한 인재들을 선택하는 문화가 형성되었다.

    이런 상황에서 교육열이 어릴 때부터 심화되어 예전부터 가정에서 가르쳐 왔던 밥상머리 교육은 사라지고, 자녀들은 시간을 다투어 학교와 학원을 전전하며 학습 전쟁을 하다시피 하는 시대가 되었다.

    그러나 다 우수한 인재가 될 수는 없기에 열심히 노력했지만 밀려나는 자녀들은 스트레스를 받아 우울증이나 자폐증, 분노 조절 장애로 인한 폭력 등으로 고통당하는 경우가 많다. 심지어 자살하는 경우도 생긴다. 너도나도 1등급의 우수함을 강조하며 난 사람이 되기 위해 전력 질주를 하는 듯하다.

그러나 나는 개인적으로 조금 다른 생각을 갖고 있다. 나한테는 당연한 것(내가 잘 아는 것)이 다른 사람한테는 당연하지 않은 것(다른 사람들은 잘 모르는 것)일 수 있다.

역사 속에는 남보다 뛰어나 공을 세운 사람이 많다. 그래서 우리는 그 혜택을 누리고 고마워하며 그 공을 인정한다. 하지만 만약 그 사람의 됨됨이가 옳지 못하다면, 그는 성공한 사람일 수는 있지만 훌륭한 사람으로 인정받기는 어렵다.

우리는 때로 학식이 낮거나 지적인 능력은 부족하지만 성실하게 살고 선행을 하며 다른 사람을 위해 기쁜 마음으로 헌신하고 베푸는 사람들을 보면 박수를 보낸다. 그리고 사람들은 자부심과 자존감을 가지고 당당히 살아간다.

나는 과거 강남에 거주하는 부모였고 교직에 있었지만, 자녀들이 어릴 때부터 성장하기까지 공부 잘해서 1등 하라는 말보다 "사람은 됨됨이가 중요하다"라는 말을 많이 하며 밥상머리 교육을 했다.

자녀들이 성장하여 생활하는 모습을 보다 보면 부모로서 더 사랑해 주지 못한 아쉬움은 있다. 하지만 인간관계를 중요시하고, 신뢰를 소중히 여기며, 사람들을 이해하고 배려하고 그들과 돈독한 관계를 맺으며, 또한 목표를 향해 열심히 맡겨진 일들을 처리하며 일상에서 행복하게 사는 모습을 보면서 감사한 마음을 갖게 된다. 부모로서 많이 부족했다고 생각하지만, 자녀들이 건강하게 이웃을 사랑하며 살아가고 있는 모습을 보면 내심 흐뭇하다. 또한 그들이 하고 싶은 일에 집중하며 즐겁게 활동하는 것도 든든하다. 나는 그들이 '된 사람'이 됨으로써 '난 사람'으로서도 더욱 빛날 것을 확신한다.

천천히, 천천히

　직장 생활을 하며 자녀를 양육한다는 것은 결코 쉽지 않다. 결혼해서 자녀가 있는 직장 여성들의 고충 1위가 자녀 양육과 교육 문제라고 한다.

　내가 학교 교사로 일할 때는 출산 휴가를 2개월만 주었다. 나름 건강하다고 자부하며 지냈지만, 두 명의 자녀를 출산하고 산후조리를 잘 하지 못한 상태에서 직장 생활을 하다 보니 몸이 금세 지치고 피곤함이 계속되었다.

　아이들은 엄마의 사랑을 항상 요구하며 함께 있기를 원했지만, 직장에 가야 된다고 하면 당연하게 여기며 엄마를 놓아주었다. 항상 미안한 마음을 가지고 지내면서도 자녀들에게 매사에 빨리빨리 하라고 재촉하는 것이 일상화되어 버렸다. 직장 생활의 꽉 짜인 시간

속에서 늘 바쁘게 살아가다 보니 자녀들에게도 '빨리'라는 단어를 반복해 사용했다.

결혼 전 자녀를 낳으면 하나님 말씀대로 양육하리라고 다짐하였기에, 첫아이를 낳았을 때는 어린이 성경책을 읽어주고 성경 이야기를 들려주며 성경 중심의 양육 방식으로 키우려고 노력하였다.

그러나 둘째 아이를 낳으면서 생활 리듬이 변해가고, 내가 원했던 자녀 양육의 모습이 사라졌다. 마음으로는 잘 양육하고 싶었지만, 어느새 하나님께서 기뻐하시는 양육이 아니라 내 주장과 방법으로 양육하고 있었다. 퇴근하고 집에 오면 자녀들은 엄마랑 그날 일어난 일들에 대해 재잘대며 많은 이야기를 하길 원했지만 나는 대꾸하는 것조차 힘들었다.

아이들이 성장해서는 여느 엄마들의 흉내를 내며 좋은 학원, 비싼 과외 등 부모의 역할을 잘해 보려고 이곳저곳 학원과 선생님들의 정보를 알아보면서 자녀 교육에 열심을 쏟았다. 그러나 나의 의도와 달리 두 아이는 학업에 열의가 없었고, 참으로 자존심이 상했지만 수준이 높은 학원에는 등록이 안 되기도 했다. 오히려 학원 선생님들이 부모 상담을 요청하여 성적이 향상되지 않은 것에 미안하다고 하였다.

학원비도 많이 들고 시간을 손해 보면서도 부모의 역할을 제대로 하지 못한다고 생각하니 지칠 대로 지쳐 없었던 두통마저 생겼다. 이런 상황에서 나는 자신을 돌아보게 되었고, 어디서부터 잘못된 것인지 하나하나 점검해 보기 시작하였다. 결국 모두 부모의 욕심임을 알게 되었다. 자녀를 출산하기 전부터 하나님의 방법으로 양육하겠다던 마음은 온데간데없이 그저 물질로 해결하려 하고, 주변 환경과 상황에 맞추어 교육하려 했던 부끄러운 나 자신을 발견하게 되었다.

그러면서 하나님을 찾게 되었고 자녀들을 위한 기도를 시작하였다. 물론 교회에 다녔기 때문에 주일마다 교회에 가고 매일 가정예배도 드렸지만 모두 형식적이었음을 고백하며, 직장에 일찍 출근함에도 새벽예배에 다니게 되었다.

새벽 4시 40분에 일어나 5시 30분에 시작하는 예배를 드리고 기도한 후, 집에 와서 식사를 준비하고 몸단장하여 7시 20분에 출근하였다. 그렇게 짧은 시간에 많은 일을 하다 보니 날마다 바빴고 '빨리 하라'는 명령이 입버릇처럼 되었다.

시간이 갈수록 기도 시간이 깊어졌고, 더불어 나의 문제점을 발견하면서 회개하며 엄마로서의 부족함을 고백하게 되었다. 고작 4~5시간 수면을 취하면서 생활하니 몸이 많이 피곤했지만 마음은 편안해졌다. 아이들에게도 엄마의 부족함을 고백하며 엄마를 도와달라고 하였더니 오히려 생활 태도가 바뀌기 시작하였다.

그렇게 줄곧 10여 년을 새벽예배를 드렸고, 나의 부족함을 고백하며 회개할 때 하나님께서는 그냥 지나치지 않으셨다. 어느 날 새벽 기도를 통해 "내가 너를 사랑하며, 너는 내 딸이다. 또한 너의 자녀들도 너처럼 사랑하는 내 아들이고 내 딸이다. 내가 그들을 사랑한다. 앞으로 그들의 삶에도 내가 함께할 것이다"라는 말씀을 주셨다. 나는 벅차오르는 기쁨의 눈물을 흘리며 "하나님을 진심으로 사랑합니다"라고 고백하며 그날 새벽 주님과의 소중한 만남을 가졌다.

그 이후 나는 변했고 자녀의 모든 것을 하나님께 맡기며 인도해 주실 것을 부탁드렸다. 그리고 자녀들에게도 "하고 싶은 것에 꿈과 비전을 갖고 즐겁게 임하고 하나님께서 인도해 주시길 원하며 기도하라"고 얘기했다. 어떤 상황에서도 재촉하지 않았고, 이제는 '천천히, 천천히'라고 말하며 아이들이 하고 싶은 것을 여유 있게 찾고 목표를 향해 가도록 돕는 자의 위치에 서게 되었다. 그들이 만족할 때 함께 기뻐해 주고, 어려움이 생기면 힘을 내도록 함께 기도하며 그들이 가는 길에 하나님께서 동행해 주시기를 간구했다.

지금도 많은 부모가 '빨리, 빨리' 교육을 하지만, 나는 자녀들이 성인이 되었음에도 어렸을 때 그들을 힘들게 했던 자신을 돌아보며 미안한 마음으로 '천천히, 천천히'의 방법의 중요성을 터득하며 지내고 있다.

우리는 매 순간 자녀를 위해 기도한다. 하지만 아이들은 아직 믿음이 깊지 않은 경우가 많기 때문에 스스로 기도하기가 힘들다. 그러기에 부모가 기도하며 기다려야 한다. 자녀의 믿음, 꿈과 비전, 학업과 여러 환경적인 요인 등 이들을 위해 세밀히 기도해 주어야 한다. 하나님의 기쁨이 되는 자녀가 되기를 간절히 바라면서….

근래에 차길영 선생님의 《자녀의 꿈을 돕는 부모의 기도》라는 책을 읽으며 나의 부끄러운 과거의 자녀 교육과 양육 방법이 생각났다. 이 책에서 말하는 방식이 내가 원했던 자녀 양육 방식이기에 충분히 공감이 되었다. 부모들이 이 책의 내용대로 양육한다면 하나님께서 반드시 그 자녀의 앞길을 선히 인도해 주시리라 믿는다.

> 자녀가 능력의 삶을 살기를 원하십니까? 오늘부터라도 자녀를 위한 기도 노트를 만들어 기도하십시오. 기도가 능력이 있는 것은 기도하는 사람에게 능력이 있는 것이 아니라, 기도를 들으시는 주님에게 능력이 있기 때문입니다.
> - 차길영, 《자녀의 꿈을 돕는 부모의 기도》

남미 여행을 생각하며

2025년 1월 11일부터 2월 7일까지 25박 28일간의 남미 5개국 여행을 망설이다 결정하게 되었다. 시간, 체력, 비용 소모가 만만치 않은
여행이라 여러모로 생각을 많이 하게 되었다. 하지만 남편은 결혼 초부터 모든 여행의 마지막이 남미 크루즈 여행이라고 말해왔기에 나는 그것을 버킷리스트 중 하나라고 여겼다.

남편에게 '여행'을 한마디로 표현해 보라고 했더니 "삶의 흔적이다!"라고 하였다. 여행은 그저 호흡하는 생물학적 삶이 아닌 존재의 흔적을 남기는 것이다. 그러므로 언젠가 이 땅을 떠나고 난 뒤 사랑

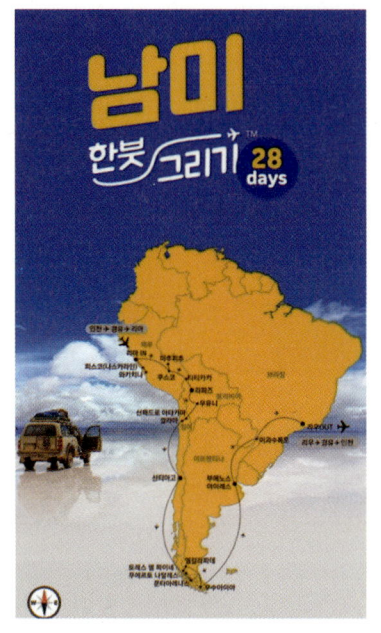

하는 자녀들과 지인들의 가슴속에 여행의 시간과 공간 속 흔적을 통해 함께한 추억이 기억되면 좋겠다고 생각하고 있는 것 같았다.

유난히도 여행의 의미를 강조하며 즐기는 남편이기에 동참하고자 하는 마음은 있지만 쉽게 결정할 수 없기에 잠이 오지 않아 잠시 주님께 기도하는 중에 깨달음을 얻었다.

'남미의 광활한 자연을 통해 하나님의 놀라운 자연 세계를 보고, 여행 동행자인 믿음의 사람들과 진지한 대화를 나누며 주님 안에서 인생에 대해 생각할 기회를 갖게 된다면, 참으로 하나님의 인도하심을 받는 여행 일정이 될 거야. 또한 그가 영적인 변화를 얻는 기회가 된다면 비용이 많이 들어도, 시간이 오래 걸려도, 중요한 것은 하나님을 만나는 것이기에 오히려 여행을 가는 것이 큰 기쁨과 감사가 될 수 있을 거야.'

그리고 다시 한번 기도했다.

"주님! 이것이 주님이 주신 생각인가요?"

우리로 하여금 더욱 기도하게 하시는 것임을 믿고, 이로 인해 우리 마음이 하나님께 더 가까이 갈 수 있기를 간절히 원하는 마음이다. 이것이 주님께서 주신 생각이라면 기쁜 마음으로 여행을 준비하며 체력 단련을 위하여 노력해야 할 것이다.

"숙성아! 내가 너와 함께할 것이다. 너를 도와줄 것이다. 온 천지 만물이 다 내 것이 아니냐. 네가 어디로 가든지 너를 지키며 함께하리라. 두려워하지 말고, 머뭇거리지 말고, 내가 그곳(남미)에도 임재하고 있음을 네 눈으로 똑똑히 보고 글로 쓰려무나! 주변에 내가 살아있음을 알려주려무나!"

"주님! 주님! 감사합니다. 알겠습니다. 사랑합니다. 아멘."

노을은

저물어 가는 석양의 아름다운 노을에 깊이 빠져들어 바라볼 때가 있다. 그럴 때 감성이 마음속 깊은 곳에서부터 올라와 머리에서 발끝까지 스며드는 만족감이 있다. "아! 너무 아름답다"라는 말로는 턱없이 부족하다.

우리 가족은 여행을 다니거나 동네에서도 해 질 녘쯤이 되면 자연스레 서쪽 하늘의 노을을 바라본다. 감성을 일으키기에 충분한 아름다움이 하늘 저편에서 기다리고 있기 때문이다.

특히 가족들과 여행을 다니면서 노을의 아름다운 광경을 보며 노을에 대한 추억을 나누고 즐거움을 만끽한다. 원근감을 이용해 기우는 해를 손바닥 또는 손안에 넣으며 내 것으로 만들기도 하고, 비행기가 서쪽 하늘로 지나갈 때 해와 연결고리를 만들어 멋진 사진 작품을 만들어 내기도 한다.

올해는 프랑스 파리의 에펠탑 사이로 보이는 노을의 전경에 매료되기도 하였다. 이곳에서도 에펠탑을 중심으로 가족들은 얼굴에 홍조를 띠며 여러 가지 동작으로 기쁨을 표출하였다.

에펠탑 앞에서 취한 포즈

해를 거슬러 작년에는 이탈리아 주요 도시와 남부 해안지대를 여섯 명의 가족이 함께 여행하며 일정을 보냈다.

피렌체 지역에서 있었던 일이다. 일정표에 피렌체 노을 전경 관람이 있었는데 아침에 일어나니 비가 내리고 있었다. 가족들은 갈등하였고 각자의 의견을 제시하였다. 피곤하니 그냥 잠을 더 자며 쉬는 것이 좋겠다는 가족이 2명이고, 비가 오지만 일정표대로 진행하자는 가족이 2명, 이도 저도 아닌 가족이 2명이어서 회의한 결과 계획한 일정표대로 진행하기로 하여 우산을 쓰고 버스를 타고 목적지로 향했다. 그러면서 나는 하나님께 계속 기도로 읊조렸다. 노을을 볼 수 있으면 좋겠다고, 살아 계신 하나님을 가족들이 체험하길 원한다고….

목적지에 도착한 뒤 비는 계속 내렸지만 서서히 구름이 걷히더니 서쪽 하늘에 파란 하늘이 조금 보이기 시작했다. 그러다 점차 빗방울이 그치고, 구름은 있었지만 하늘은 맑게 개었다. 조금 더 시간이 지나자 하늘에 불그스름한 노을이 점차 번지면서 웅장한 붉은 빛으로 변하며 마치 천지창조를 연상시키듯 일출 느낌의 노을이 진하게

크루즈 선상에서의 파리 전경

연출되었다.

지금까지 이런 노을 전경은 한 번도 본 적이 없었던 것 같았다. 노을을 관람하러 온 사람들이 곳곳에서 탄성을 지르며 사진을 찍었다. 모두 흥분하여 최고의 아름다운 노을을 바라보고 있었다.

아침 사건이 생각났다. 그냥 잠을 조금 더 자고 쉬었다면 이 노을은 평생 볼 수 없었을 것이다. 나의 기도를 들어주신 하나님께 깊이 감사드리며, 가족들에게 내 마음을 전했다.

지금도 노을을 바라보면 가족들과 함께한 추억이 새록새록 그려지며, 가족들이 사랑으로 단단히 묶여 내가 든든히 설 수 있는 큰 자산이 되어 준 것에 고마움을 느끼게 된다.

노을로 물드는 피렌체

놀이가 즐겁지? (놀이의 재발견)

오래전부터 나는 종종 "손을 앞뒤로 뒤집으면 손바닥과 손등이 보이듯이 사람에게는 누구나 장점과 단점이 있다"라며 어떤 상황이나 인간관계, 또는 그 외 사건에 대해 설명하곤 했다. 지금도 상황에 따라 이런 말을 가끔 사용한다.

대체적으로 긍정의 사고를 갖고 살아가고자 하는 나는 어떤 관계나 상황에서든 장점을 보며 처리할 때가 많다.

예를 들면 자녀들이 결혼하고 얼마 되지 않아 명절을 맞이하였을 때다. 모인 가족들이 어색해질 수 있기에(특히 사위나 며느리) 다 같이 할 수 있는 것이 무엇일지 고민하다가 송편을 빚기로 했다. 준비할 것이 많았지만 함께 하면서 '하하호호' 즐겁게 웃어가며 관계를 맺어 가고자 성심껏 마련하였다.

친척들도 함께한 자리여서 인원이 많았지만, 저마다 모양을 내며 예쁘게 빚어내느라 노력하는 모습이 진정 아름다운 대가족의 풍경으로 보였다.

다들 바쁜 생활로 지칠 수 있는 명절이지만 모처럼 모인 자리에서 화기애애한 농담을 하면서 정보를 공유하고 고민 상담도 하면서 시간 가는 줄 모르게 송편을 만들었다. 송편을 찜통 한가득 쪄내자 각자 자신들이 만든 송편 찾기를 하며 신나고 맛있게 명절을 보낼 수 있었다. 이렇게 송편 만들기 놀이를 하며 명절에 즐거운 추억을 쌓았다.
이후에는 김밥 만들기와 윷놀이도 하면서 명절 놀이의 기쁨이 더해져 이제는 명절에 대한 기대감을 갖고 만나게 된다.

그뿐 아니라 여행을 가서도 상황에 따라 놀이 대상을 찾아 즐겁게 지내곤 한다. 비행기가 지나가면 비행기 놀이, 달이 뜨면 달 놀이, 석양에 해가 질 때면 해 놀이, 바다에 가면 파도 놀이, 들에 가면 들꽃 놀이 등 자연과 함께하는 즐거움은 끝이 없고 많은 것을 느끼게 해주어서 좋다.
이런 놀이 문화를 통해 그때그때 자신들의 생활과 연결되는 이야깃거리들을 내놓으며 우리는 인생을 한 땀 한 땀 수놓아 간다. 그러면서 생각이 깊어지고 추억이 쌓여 간다.

독일 코미디언 하페 케르켈링이 산티아고 순례를 마치고 《산티아고 길에서 나를 만나다》라는 책을 썼다. 그는 이 책에서 자기 경험을 이렇게 요약하였다.

"창조자는 우리를 공중에 던진다. 그리고 결국에는 놀랍게도 우리를 다시 붙잡는다. 부모가 그들의 자녀들과 함께 하는 자유로운 놀이와도 같은 것이다. 나를 던지는 사람을 믿으라. 그가 너를 사랑하고 전혀 예상하지 못한 방법으로 너를 다시 붙잡아줄 것이기 때문이다."

자연과 동화되어 즐거움을 누리는 가족들

하트 놀이

해 놀이

해 놀이

비행기 놀이

빗자루 놀이

파도 놀이

가족들이 만든 송편 모양

양념 사랑

할머니의 사랑을 듬뿍 받고 자란 나의 딸은 유난히 정이 많고 남들을 잘 도와주는 성품을 지녔다. 딸은 유아 시기에 잠시 할머니와 함께 지냈다. 시어머니는 그때 본 손녀의 모습에 대해 나와 만날 때마다 쉬지 않고 말씀하셨다.

생선을 손질하고 있으면 가까이 다가와 생선의 이곳저곳을 만지면서 관찰하고, 길가의 나뭇잎과 꽃들을 만지며 특유의 향을 맡고는 느낀 점을 말하고, 젓가락을 잘 사용하여 음식을 흘리지도 않고 먹으며, 손재주가 있어 색종이 접기로 여러 종류의 모양을 만들고, 싹둑싹둑 가위질도 잘하여 원하는 종류의 모양들을 척척 만든다고 하셨다.

방학이나 명절을 맞이하여 시댁을 방문하면 맛있는 음식은 물론이거니와, 어느새 손녀를 데리고 나가셔서 원하는 물건들을 사주시고 엄마로서 내가 하지 못한 것들을 해주시며 손녀에게 최고의 사랑을 베푸셨다.

시어머니께서 보신 손녀의 모습과 성품은 성장 과정에서 변함없이 나타났고, 성인이 되어 결혼한 후 가정생활에서도 나타났다.

맛깔스러운 음식을 만들 때 양념이 한몫하듯, 인생을 살아가는 과정에서 마치 양념과 같은 역할을 하며 살아가는 딸의 모습을 보게 된다. 음식의 맛을 내는 데 양념이 한 가지라도 빠지면 원하는 맛을 내지 못하듯, 딸은 적재적소에서 찐 맛을 내는 분위기 메이커가 되었다. 눈웃음을 치며 잘 웃는 딸을 보며 주변 분들은 활력을 얻고 즐거움을 더하는 것 같았다.

딸은 성장 과정에서도 밝고 명랑하며 긍정적이었으며, 직장 다니는 엄마의 애로사항을 이해하는 듯, 자신은 알아서 잘하니 걱정하지 말라며 오히려 엄마를 안심시켰다. 다른 친구들은 엄마나 아빠의 차를 타고 학교, 학원을 다니는데, 딸은 걸어 다니거나 버스를 타고 다니면서도 투덜대지 않고 오히려 당연하게 여기는 모습이 내심 고마웠다.

어느덧 성장하여 자신의 일을 스스로 알아서 하는 딸은 자립정신이 더욱 강해졌고, 이제는 오히려 부모에게 도움을 주려고 한다. 친구나 주변의 지인들에게는 공감을 잘해 주며 충실히 조언과 도움을 주는 상담사나 해결사 역할도 하는 듯했다.

직장에서도 최선을 다하여 일 잘하는 직원으로 상을 받기도 하고, 함께 일하는 직원들 사이에서는 특유의 친화력으로 돈독한 분위기를 만들어갔다.

이제 결혼하여 가정을 이룬 딸은 지금의 배우자와 7년이 넘도록 연애하다 결국 결혼에 골인하여 지극정성으로 가정을 돌보며 알콩달콩 살아가고 있다. 사위 또한 긍정적인 사람으로 상대방을 충분히 배려하고 이해하는 성격이라 서로 존중해 주며 살아가는 듯하다. 이러한 두 사람의 장점은 작은 불씨가 되어 직장과 주변을 사랑과 온정으로 밝게 비추는 역할을 충분히 감당하고 있는 것 같다.

딸을 임신했을 때 나의 부모님은 물론이고 지인들도 기도를 많이 해주셨다. 기도의 힘과 능력이 딸에게 선한 영향을 끼쳐 빛과 소금의 역할을 충실히 하게 하는 것이 아닌가 싶고, 딸이 앞으로도 축복의 통로가 되길 기도한다.

딸이 머무는 곳은 항상 분위기가 밝아진다. 그것은 음식을 만들

때 맛을 내는 양념과 같은 역할을 하는 것이라 생각한다. 딸은 늘 "엄마가 내 엄마여서 좋다"고 말한다. 나도 딸이 내 딸이어서 고맙고 감사한 마음이 가득하다.

"양념 맛을 내는 딸아, 사랑한다!"

눈웃음치는 딸

알콩달콩 부부

3부

딸아, 내가 너를 사랑한단다

My Soul Birthday

1977년 7월 23일은 내 생애에 잊지 못할 날이 되었다. 대학 3학년, 여름 방학을 맞이하여 충북 영동 심천 미루나무섬에서 열린 'CCC 천막수련회'에 대학의 CCC 동아리 회원들과 함께 참석하게 되었다.

그때는 장마철이었고 천막으로 숙소를 만들어 사용한 데다, 우산을 쓰고 주룩주룩 내리는 빗속을 이동하며 집회 장소와 식당을 다녀야 했기에 불편한 상황이었다. 그러나 수련회 첫날부터 각 지역에서 참석한 수천 명의 기독 대학생들의 숫자에 깜짝 놀랐고, 그들의 기도와 집회 분위기가 나를 압도하고 당황하게 만들었다. 평소 교회에서 조용히 신앙생활을 하던 나는 또래 대학생들이 열정적으로 믿는 모습을 보면서 도전을 받았다. 한 팀이 된 다른 지역 학생들과 대화를 나누면서 그들의 신실하고 열정적인 믿음에 스스로 작아지는 느낌마저 들었다. 나는 집회를 통하여 마음의 문이 점점 열렸고, 주님을 만나고 싶은 간절한 마음이 커져갔다.

그러던 중 셋째 날 저녁 집회에서 김준곤 목사님께서 '예수님이 길이요 진리요 생명이다'라는 주제로 전하신 메시지를 통해 주님은 나를 만나 주셨다. 눈물에 콧물까지 줄줄 흘렸지만 아랑곳없이 계속 주님과의 만남의 시간을 만끽하고 싶었다. 그동안 입술로만 고백했던 죄들을 진정으로 회개하면서 주님 앞에 가까이 나아가는 시간이 되었고, 그때 주님을 나의 구주로 영접하였다.

그날 밤은 비가 내리지 않았고 모래사장을 비추는 별빛이 유난히 반짝거렸다. 목사님께서는 잔잔한 음성으로 그러나 단호한 말씀으로 많은 젊은이의 마음을 촉촉이 적셔 주셨다. 청년들은 큰 소리로 "아멘" 하며 말씀에 화답했고, 기도 시간에는 곳곳에서 울부짖으며 간절히 기도하였다.

집회가 끝난 후에도 나는 모래사장에서 무릎을 꿇고 회개하며 소리 내어 울었다. 그렇게 울어보기는 태어나서 처음인 것 같았다. 이렇게 예수님을 영접한 후 나의 삶은 놀랍게 변했다.

무엇보다 하나님의 말씀이 나를 변화시켜 나갔다. 갈급한 마음이 있었기에 정동에 있는 한국대학생선교회(CCC) 회관에서 김준곤 목사님의 설교를 듣고 10단계 성경 공부, 신앙 양육 성경 공부와 훈련을 받으면서 4영리 전도지를 들고 간사님들과 동남아 해외선교도 다녀왔다.

꾸준히 성경을 읽고 암송하였으며, 기도 시간을 늘려갔고, 직장에 다니면서는 퇴근 후에도 성경 공부에 적극적으로 참여했다. 교회에서도 중고등부 교사와 성가대, 청년부 활동을 열심히 하며 복음 전파를 위한 행보에 앞장섰다.

김준곤 목사님께서 늘 부르짖으시던 구호가 생각난다.

"민족의 가슴마다 피 묻은 그리스도를 심어 이 땅에 푸르고 푸른 그리스도의 계절이 오게 하자!"

2006년도에 러시아 모스크바에 갔을 때의 일이다. 누군가의 소개를 통해 만나 뵙게 된 이○○ 선교사님의 교회 숙소에서 하룻밤 묵게 되었는데, 강단 앞면에 이 구호가 새겨진 플래카드가 걸려 있어서 첫눈에 들어왔다. 보자마자 선교사님께 CCC 선교 훈련을 받으셨냐고 물어 보았다. 선교사님께서는 그 선교 훈련을 받은 후 러시아에 와서 사역을 하고 있다고 말씀하셨다.

우리는 전혀 알지 못하는 사이였지만 이로 인해 금방 친해지면서 과거에 CCC를 통해 받았던 선교 훈련과 김준곤 목사님께서 전해주신 나라와 민족과 세계를 품은 뜨거운 사랑의 말씀들을 밤새워 가며 마음 편히 즐겁게 이야기했다.

나는 대학 3학년 때 충북 영동 CCC 천막수련회에서 예수님을 나의 구주로 영접하면서 이날을 'My Soul Birthday'로 삼아 오늘날까지 나만의 영적 생일로 지키며, 말씀에 순종하여 주님이 기뻐하시는 그리스도인으로 살아가기 위해 노력하고 있다.

민족의 가슴마다 피 묻은 그리스도를 심어
이 땅에 푸르고 푸른 그리스도의 계절이
오게 하소서 오게 하소서

이 땅에 하나님의 나라가 이뤄지게 하옵소서
모든 사람의 마음과 교회와 가정에도
하나님의 나라가 임하게 하여 주소서

주의 청년들이 예수의 꿈을 꾸고
인류 구원의 환상을 보게 하소서

한 손엔 복음 들고 한 손엔 사랑을 들고

온 땅 구석구석 누비는 나라 되게 하소서

이 땅 구석구석에서 예수를 주로 고백하게 하소서

하늘의 뜻이 이 땅에 이뤄주소서 주의 나라 되게 하소서

- 김준곤 목사님의 평생 염원을 담은 시로 만든 찬양

"민족의 가슴마다"

비전

우리는 꿈과 비전을 혼동할 때가 있다. 성경 창세기 37-50장에는 꿈쟁이 요셉에 대한 이야기가 기록되어 있다.

아버지 야곱은 늦둥이 요셉을 다른 어느 아들보다 사랑하였다. 요셉에게만 긴 소매가 달린 채색옷을 지어 입혔고, 그의 형들은 아버지가 자기들 가운데 누구보다 요셉을 더 사랑하는 것을 알고는 그를 미워하였다. 한번은 요셉이 꿈을 꾸고 그 꿈 이야기를 형들에게 들려주었다.

"요셉이 그들에게 이르되 청하건대 내가 꾼 꿈을 들으시오 우리가 밭에서 곡식 단을 묶더니 내 단은 일어서고 당신들의 단은 내 단을 둘러서서 절하더이다 요셉이 다시 꿈을 꾸고 그의 형들에게 말하여 이르되 내가 또 꿈을 꾼 즉 해와 달과 열한 별이 내게 절하더이다 하니라 그가 그의 꿈을 아버지와 형들에게 말하매 아버지가 그를 꾸짖고 그에게 이르되 네가 꾼 꿈이 무엇이냐 나와 네 어머니와 네 형들이 참으로 가서 땅에 엎드려 네게 절하겠느냐 그의 형들은 시기하되 그의 아버지는 그 말을 간직해 두었더라"(창 37:6-11).

요셉의 꿈은 누가 들어도 실현될 가능성이 아주 적거나 전혀 없는 허무맹랑한 기대나 생각처럼 느껴졌다. 형들은 그의 꿈을 괘씸하게 여겼고, 요셉은 미움의 대상이 되었다.

그러나 요셉은 어려서부터 하나님을 신뢰했고, 어떠한 형편에 처하든지 하나님께 기도하며 나아갔다. 요셉은 고난의 연속이라고 할 정도로 많은 어려움을 겪었지만, 그때마다 하나님을 의뢰함으로 형통케 되었다.

요셉은 아버지의 심부름으로 먼 지역에 있는 형들에게 먹을 것을 가지고 갔다. 그때 형들은 모략 끝에 요셉을 상인들에게 은 이십 개를 받고 팔았고, 상인들은 그를 애굽 바로 왕의 신하인 시위 대장 보디발에게 또 팔았다.

보디발은 요셉이 맡긴 일들을 잘 수행했기에 그를 가정 총무로 삼았다. 요셉은 자신을 향한 보디발 아내의 유혹을 물리쳤지만, 모함으로 옥에 갇히게 되었다. 그러나 요셉은 옥에서 두 관원장의 꿈을 풀어 주고, 그중 한 관원장의 추천으로 바로 왕의 꿈을 풀게 되어 애굽의 총리대신이 되었다. 그때 그의 나이가 삼십 세였다.

요셉은 총리로서 애굽의 흉년 위기에 잘 대처했고, 그 후 아버지와 형제들은 애굽의 고센 땅으로 이주하여 살게 되었다. 이러한 역사적인 이야기가 성경 창세기에 잘 설명되어 있다.

요셉은 꿈을 잘 꾸었고 또 남의 꿈 풀이도 잘하여 별명이 '꿈쟁이'였다. 그는 하나님이 주시는 지혜를 소유한 사람으로 정직하고 진실하게 살았다. 이러한 성품으로 인해 그는 이스라엘에서 태어난 타국인으로서 그 시대에 가장 강한 나라였던 애굽의 총리대신이 되었으며, 백십 세를 사는 동안 일평생 불의에서 떠났고, 하나님께서 동행해 주시므로 형통의 삶을 살았다.

꿈쟁이 요셉은 하나님을 향한 진실된 마음으로 인격이 형성된 비전의 사람이었다. 꿈이란 실현시키고 싶은 희망이나 이상을 말하는 것으로, 꿈이 있다는 것은 삶을 지치지 않게 한다. 그러나 취업이나 학교 진학과 같이 일상에서 단순히 꾸는 꿈은 비전과는 다르다.

비전은 진학이나 취업 등 일상적으로 성취하고자 하는 것과는 달리 근본적으로 삶의 방식과 태도를 정해주는 것이다. 즉, 매일 새로운 마음으로 사람다운 존재로 살아가게 하는 원동력과 같다.

나는 개인적으로 비전은 하나님께서 우리 각자에게 제시해 주시는 미래에 대한 삶의 방향이라고 생각한다. 일상의 꿈을 넘어 하나님께서 주시는 믿음 안에서 꿈을 이루는 하나님의 사람으로 거듭나는 비전을 심고 싶다.

수로보니게 여인의 믿음

"이에 더러운 귀신 들린 어린 딸을 둔 한 여자가 예수의 소문을 듣고 곧 와서 그 발 아래에 엎드리니 그 여자는 헬라인이요 수로보니게 족속이라 자기 딸에게서 귀신 쫓아내 주시기를 간구하거늘 예수께서 이르시되 자녀로 먼저 배불리 먹게 할지니 자녀의 떡을 취하여 개들에게 던짐이 마땅치 아니하니라 여자가 대답하여 이르되 주여 옳소이다마는 상 아래 개들도 아이들이 먹던 부스러기를 먹나이다 예수께서 이르시되 이 말을 하였으니 돌아가라 귀신이 네 딸에게서 나갔느니라 하시매 여자가 집에 돌아가 본즉 아이가 침상에 누웠고 귀신이 나갔더라"(막 7:25-30).

성경에 대한 해박한 지식이 없는 나로서는 성경 말씀을 언급하는 것이 쉽지 않지만, 수로보니게 여인의 이야기를 들으면 항상 마음에 와닿는 것이 있다. 여인의 자녀에 대한 사랑과 예수님에 대한 믿음 때문일 것이다.

그 여인은 지중해 해변 지역인 두로와 시돈 사이에 있는 수로보니게 지역에 사는 가나안 족속이었다. 그런데 예수님께서 부르지 않으셨음에도 예수님에게 능력이 있다는 소문을 듣고 그 지역에 거하시는 것을 알고 와서 딸이 귀신 들렸으니 고쳐 달라고 예수님께 애원했다.

그때 예수님께서 "자녀로 먼저 배불리 먹게 할지니 자녀의 떡을 취하여 개들에게 던짐이 마땅치 아니하니라"라고 하시면서 가나안 여인을 '개'라고 표현했다.

그런데 예수님이 의도적으로 그 여인을 외면하며 개로 취급했음에도 가나안 여인은 "상 아래 개들도 아이들이 먹던 부스러기를 먹나이다"라고 응답하였다.

잠언 26장 11절에서도 "개가 그 토한 것을 도로 먹는 것같이 미련한 자는 그 미련한 것을 거듭 행하느니라"라고 하였다.

이 내용을 더 깊게 연구해 보면 율법이나 종교적인 내용을 다루게 되고 신학적인 깊이를 더하게 될 것이다.

여기서는 수로보니게 여인의 자녀에 대한 사랑과 겸손한 믿음을 닮고 싶어서 그것을 언급했다. 결과적으로 예수님께서 무시하는 말씀을 해도 그동안 더러운 귀신에게 고통당한 딸로 인해 애타는 어머니의 심정을 느낄 수 있었고, 딸을 진심으로 사랑하기에 예수님을 꼭 만나야 한다는 간절한 마음으로 힘든 상황을 극복하는 어머니의 용기와 강인함을 볼 수 있었다.

결국 딸을 향한 사랑과 겸손한 믿음을 보신 예수님께서는 더러운 귀신 들린 수로보니게 여인의 딸을 고쳐 주셨다.

나도 이런 믿음을 갖고 싶다. 오직 예수님을 향한 간절한 믿음, 예수님께서 보시고 인정해 주시는 믿음을….

암송에서 얻는 만족

내가 국민학교와 중학교에 다닐 때는 부엌에서 연탄을 사용하던 시절이었는데, 연탄가스 중독을 두 번이나 겪어 그것을 암기력이나 기억력이 약한 핑계로 삼으며 지내왔다.

대학원을 두 곳 다니면서 대학원 과정 통과 시험과 중간고사, 기말고사, 영어 시험 등 끊임없는 시험을 앞두고 늘 염려하고 걱정하였다. 그런데 결과적으로 대학원 두 곳을 우수한 성적으로 졸업한 뒤로 암기에 대한 자신감을 갖게 되었다.

그래서 예전에 CCC 선교 훈련을 받으면서 짧은 성경 구절 암송을 해본 경험을 되살려 성경 암송을 하려고 이번에 다짐하게 되었다. 우선 좋아하는 말씀들을 찾아 암기했는데, 몇 구절을 하느냐에 따라 걸리는 시일이 달라졌다. 그러나 암송하고자 하는 문장을 하루에 5번씩 읽으면서 10~20일이 지나니 암송이 가능해 노트에 적어 보았더니 한두 어절 틀린 것도 있지만 대충 암기가 되었다. 이렇게 몇 번 하면서 자신감이 생겨 지금까지 4년 정도 암송을 계속하고 있다.

유튜브에서 어떤 목사님께서는 산상수훈인 마태복음 5-7장을 매일 암송하신다고 하셨다. 그러면서 "예수님께서 하신 말씀이니 마음에 새길 뿐 아니라 실생활에서도 지켜 행하는 것이 중요하다"고 말씀하셨다. 또 "믿는 사람은 기본적으로 예수님께서 전하신 산상수훈 정도는 암기하는 것이 필요하다"고 강조하셨다.

그 이후로 나도 산상수훈 말씀을 한 단락씩 암송하고 있다. 이를 통해 지금까지 목회자들이 설교에서 강조해 온 많은 내용과 소재가 산상수훈과 많이 관련되어 있다는 것도 알게 되었다. 실제로 골방에서 말씀을 상고하면서 매일 산상수훈을 읽으며 실행하려는 의지를 갖고 살아간다.

말씀을 읽고 암송할수록 말씀의 의미가 깊게 새겨지며 소중하다는 생각이 들어 스스로 주님과의 교제에 만족함을 느끼기도 한다. 지금은 성경 말씀만 암송하지만 이후에는 영어 회화와 좋은 글귀들도 암송하고 싶다.

예수를 믿는다는 것

부모님께서는 결혼 후 신앙의 자유를 위해 성경 한 권을 가지고 월남하신 분들이셔서 나는 자연스럽게 모태 신앙으로 시작하여 교회 뜰에서 자랐다.

그러나 인격적인 주님과의 만남을 갖게 된 계기가 있었는데, 그것은 대학교 3학년때 참석한 충북 영동 심천 미루나무섬에서 열린 CCC 전국 연합수련회였다. 장마철이어서 비가 내리는 가운데서도 하나님을 향한 젊은이들의 뜨거운 열정은 식을 줄을 몰랐다. 마지막 날 밤에는 비가 내리지 않았는데, 밤하늘에 별이 총총한 가운데 모래사장에 앉아 김준곤 목사님의 부드럽고 잔잔한 말씀을 들었다.

많은 젊은이가 은혜를 받아 이곳저곳에서 눈물, 콧물로 훌쩍였다. 이때 하나님께서 함께하셨던 감격의 시간은 평생 잊지 못할 나의 인생의 터닝 포인트가 되어, 지금도 영적 생일로 혼자 기념일을 지키고 있다.

이런 나에게 '예수를 믿는다는 것'은 당연한 것이지만, 신앙고백적인 의미를 부여한다면 '내가 죄인 됨을 깨닫고, 예수님이 구원자 되심을 알아, 하나님 사랑과 이웃 사랑으로 천국 소망을 이루며 살아가는 것'이라고 할 수 있다.

내가 생각하고 있던 이 제목이 올해 104세가 되신 김형석 교수님께서 2016년에 《김형석 교수의 예수를 믿는다는 것》이라는 저서로 집필하셨다는 것을 알게 되었다. 아직 읽어 보지는 않았지만 어떤 내용으로 전개되었을지 궁금하여 기회가 되는 대로 읽으려고 한다.

예수를 믿는다는 것은 단순한 종교적 선택이 아니라, 삶의 중심을 변화시키는 중요한 결단이다. 즉, 예수님을 나의 구주로 인정하고 영접하여 예배와 성경 읽기, 기도를 꾸준히 하며 자기 안에 있는 죄를 깨닫고 회개하여 변화되는 삶을 살아가는 것이다. 이는 구원에 이르는 영생의 길로 나아가는 새로운 삶을 시작하게 만든다. 더 나아가 성령의 인도하심을 받으며, 하나님의 자녀로서 살아가게 한다. 이 믿음은 우리의 정체성을 새롭게 하고, 삶의 목적을 변화시키며, 세상에서 하나님의 사랑과 진리를 실천하게 한다.

주님과의 좀더 친밀한 교제로 나아가게 되면 '누가 하나님의 영광을 보는가'에 대해 생각하게 되며, '지금 내가 붙잡고 있는 것이 무엇인가'를 돌아볼 수 있게 된다.

"예수께서 이르시되 돌을 옮겨 놓으라 하시니 그 죽은 자의 누이 마르다가 이르되 주여 죽은 지가 나흘이 되었으매 벌써 냄새가 나나이다 예수께서 이르시되 내 말이 네가 믿으면 하나님의 영광을 보리라 하지 아니하였느냐 하시니"(요 11:39-40).

이 말씀은 예수님께서 베다니 마을에 가셨을 때 사랑하는 나사로가 사흘 전에 죽은 상태에서 일어난 사건을 얘기하고 있다. 예수님께서는 무덤의 돌을 옮겨 놓으라고 하셨고, 누이 마르다는 오라비가 죽은 지 나흘이 되어 냄새가 난다고 했다. 그때 예수님께서 말씀에 순종하여 돌을 옮겨 놓을 때 하나님의 영광을 보리라고 말씀하신다.

모세의 경우, 그가 상식적인 방법을 이용하여 자신의 위치와 능력과 힘을 의지하였더라면 이스라엘 백성들이 출애굽하였을 때 홍해가 갈라지는 기적이 나타날 수 있었을까? 모세가 오직 지팡이만 잡고 하나님을 의지하였기에 하나님의 능력이 나타났으며 하나님의 영광을 보게 된 것이 아닐까?

　오직 하나님의 말씀에 전적으로 순종하고 의지하는 자가 하나님의 영광을 보는 놀라운 축복의 대열에 서게 되리라 확신한다.

주님의 시선

사람의 눈을 똑바로 쳐다보는 것은 쉬운 일이 아닌 것 같다. 어떤 시선으로 바라보느냐에 따라 따스함이 느껴지기도 하고, 반항적인 감정을 일으키기도 하고, 잘못한 것을 들킨 것처럼 허둥대기도 한다.

만약 예수님이 나를 바라보신다면 나는 어떤 시선으로 받아들이게 될까?

성경에는 예수님의 시선에 대한 내용이 여러 번 나온다.

"예수께서 대답하시되 내가 떡 한 조각을 적셔다 주는 자가 그니라 하시고 곧 한 조각을 적셔서 가룟 시몬의 아들 유다에게 주시니 조각을 받은 후 곧 사탄이 그 속에 들어간지라 이에 예수께서 유다에게 이르시되 네가 하는 일을 속히 하라 하시니"(요 13:26-27).

열두 명의 제자가 함께하는 최후의 만찬 석상에서 예수님께서는 "지금부터 일이 일어나기 전에 미리 너희에게 일러둠은 일이 일어날 때에 내가 그인 줄 너희가 믿게 하려 함이로라"라고 하셨다. 그러나 예수님께서 이 말씀을 하시고 심령이 괴로워 "내가 진실로 진실로 너희에게 이르노니 너희 중 하나가 나를 팔리라"라고 증언하시자, 제자들이 서로 보며 누구에게 대하여 말씀하시는지 의심하였다. 어떤 이들은 유다가 돈궤를 맡았으므로 명절에 자기들이 쓸 물건을 사라 하시는지, 혹은 가난한 자들에게 무엇을 주라 하시는 줄로 생각했다. 그 순간 예수님과 가룟 유다의 시선은 서로에게 어떤 의미로 받아들여졌을까?

"닭이 곧 두 번째 울더라 이에 베드로가 예수께서 자기에게 하신 말씀 곧 닭이 두 번 울기 전에 네가 세 번 나를 부인하리라 하심이 기억되어 그 일을 생각하고 울었더라"(막 14:72).

예수님과 제자들이 함께한 마지막 만찬에서 예수님께서는 베드로가 닭 울기 전에 세 번 자기를 부인할 것이라고 말씀하셨다. 그 말쏨대로 베드로는 세 번 예수님을 부인했다. 그 순간 베드로의 심장이 얼마나 뛰었을까?(마 26:34; 눅 22:34; 요 13:38)

예수님이 심문을 받는 현장에서 멀리 떨어져 있던 베드로에게 세 명이 각각 "당신이 예수의 제자가 아니냐?"라고 물었다. 그러자 베드로는 극구 부인했다. 닭이 우는 순간, 예수님은 돌이켜 베드로를 보셨다(눅 22:61). 그때 예수님과 베드로의 시선에는 어떠한 교류가 흘렀을까?

> "예수께서 자기의 어머니와 사랑하시는 제자가 곁에 서 있는 것을 보시고 자기 어머니께 말씀하시되 여자여 보소서 아들이니이다 하시고 또 그 제자에게 이르시되 보라 네 어머니라 하신대 그때부터 그 제자가 자기 집에 모시니라"(요 19:26-27).

예수님께서는 십자가에 못 박힌 자신의 처절한 모습을 바라보는 어머니의 고통스러운 심정을 깊이 아셨다. 그래서 사랑하는 제자에게 자신의 어머니를 친어머니처럼 대해 줄 것을 간곡히 부탁하셨다.

십자가상의 고통 중에 예수님께서 어머니와 시선이 마주쳤을 때 예수님도 어머니와 동일한 심정을 갖지 않으셨을까? 또 제자에게 어머니를 부탁할 때 마주친 간절한 시선에서 흘러나온 감정은 어떠했을까?

> "달린 행악자 중 하나는 비방하여 이르되 네가 그리스도가 아니냐 너와 우리를 구원하라 하되 하나는 그 사람을 꾸짖어 이르되 네가 동일한 정죄를 받고서도 하나님을 두려워하지 아니하느냐 우리는 우리가 행한 일에 상당한 보응을 받는 것이니 이에 당연하거니와 이 사람이 행한 것은 옳지 않은 것이 없느니라 하고 이르되 예수여 당신의 나라에 임하실 때에 나를 기억하소서 하니 예수께서 이르시되 내가 진실로 네게 이르노니 오늘 네가 나와 함께 낙원에 있으리라 하시니라"(눅 23:39-43).

예수님의 가상칠언 중 두 번째인 "내가 진실로 네게 이르노니 오늘 네가 나와 함께 낙원에 있으리라"라는 말씀은 십자가에 같이 달린 두 명의 강도 중 오른편에 있던 강도에게 하신 말씀이었다. 두 명의 강도가 하는 대화에서 오른편 강도는 죽기 바로 전에 자신의 죄를 참회하여 용서를 구하였고, 예수님이 구원자 되심을 고백하였다. 결국 그는 구원을 받았다.

예수님께서 "오늘 네가 나와 함께 낙원에 있으리라"라고 하셨을 때 마주친 예수님과 오른편 강도의 눈빛은 어떤 것이었을까?

성경에 나오는 여러 시선의 마주침에 대해 생각해 보았다. 예수님의 시선은 우리처럼 단순히 상황과 환경에 근거해 겉모습을 보는 것이 아니라, 그것을 넘어 진심으로 상대방을 이해하고 배려하며 관용하여 속사람의 됨됨이를 포용하는 시선으로 느껴진다.

만약 내가 예수님과 시선이 마주쳤다면 나의 단점, 연약함, 성급함, 허점보다 나의 장점, 가능성, 역량, 긍정적인 면, 성실함 등을 바라보시며 나의 속사람을 새롭게 하여 주의 제자로, 일꾼으로 사용해 주시지 않을까? 앞으로 더욱 주님과 시선을 맞추며 살아가리라 다짐해 본다.

"여호와의 눈은 온 땅을 두루 감찰하사 전심으로 자기에게 향하는 자들을 위하여 능력을 베푸시나니"(대하 16:9).

"나를 눈동자같이 지키시고 주의 날개 그늘 아래에 감추사"(시 17:8).

중보 기도자

내 삶의 다섯 가지 목표 중 하나가 중보 기도자로 사는 것이다. 인생을 살아가면서 자신이 하는 간절한 기도가 가장 필요하겠지만 때로는 다른 사람의 기도에 의해 변화되기도 한다. 그렇기 때문에 직접 만나서 기도하지 않을지라도 기도대상자를 위해 전심으로 기도하면 하나님은 그 중보 기도자의 기도를 들어주시고 어려움이 회복되도록 도와주신다.

예를 들어 성경에 나오는 수로보니게 여인의 경우가 그러하다. 딸의 기도에 의해서가 아니라, 개 취급을 받을 정도로 무시당하면서도 딸을 위해 간절히 매달린 엄마의 중보 기도로 딸이 나음을 받을 수 있었다(막 7:26-30).

또 하나의 예는 종을 사랑한 백부장의 경우다. 당시 종은 주인의 재산으로 분류되었으며 법적으로 어떤 권리도 없었다. 종이 병들어 쓸모없으면 내다 버리면 그만이었던 때다. 그런데 종이 병들어 죽어가고 있을 때 백부장은 종을 사랑했기에 예수님의 소문을 듣고 유대 장로들을 예수님께 보내 종을 살려 달라고 간청했다.

예수님께서는 장로들의 청을 들으시고 종을 고쳐 주려고 그 집으로 가고 계셨는데, 그의 집이 멀지 않았을 때 백부장은 친구들을 보내 예수님이 자기 집에 오시는 것을 감당할 수 없으니 말씀만 하여 종을 낫게 해 달라고 겸손히 간청했다.

"나도 남의 수하에 든 사람이요 내 아래에도 병사가 있으니 이더러 가라 하면 가고 저더러 오라 하면 오고 내 종더러 이것을 하라 하면 하나이다."

예수님은 백부장의 믿음에 감탄하시고 그 종의 병을 고쳐 주셨다. 또한 "내가 너희에게 이르노니 이스라엘 중에서도 이만한 믿음은 만나보지 못하였노라"고 하셨다. 종은 상황을 모를 수도 있었으나, 중보 기도를 했던 주인 백부장의 겸손하고 간절한 믿음으로 치유의 기적이 나타났다(눅 7:1-10).

CCM "누군가 널 위해 기도하네"를 하염없이 부르던 때가 있었다.

당신이 지쳐서 기도할 수 없고
눈물이 빗물처럼 흘러내릴 때
주님은 우리 연약함을 아시고
사랑으로 인도하시네
누군가 널 위하여 누군가 기도하네
네가 홀로 외로워서 마음이 무너질 때
누군가 널 위해 기도하네

예수님의 사랑을 깊이 깨달았을 때인 것 같다. 나는 너무 부족하고 미흡한데 지금 이곳까지 인도해 주신 하나님의 사랑이 너무 크다고 느꼈기 때문이다. 뒤돌아보면 날마다 중보 기도해 주셨던 부모님이 계셨고, 형제자매들의 기도가 있고, 남편과 자녀들의 기도도 있었다. 또한 교회 분들과 나를 아시는 분들이 가끔이라도 나를 위해 기도해 주셨으리라 생각한다.

인생은 굴곡선과 같아서 기쁠 때가 있으면 슬플 때가 있으며, 힘들 때가 있으면 즐거울 때가 있다. 많은 변화의 굴곡이 있었지만 평탄하게 지금에 이른 것은 전적으로 하나님의 은혜임을 고백한다. 나 또한 주변을 돌아보며 심신이 어렵고 고통 중에 있는 분들이 조금이나마 주님께서 주시는 위로와 용기를 얻기를 바라며 중보 기도로 돕는다.

직장 생활을 하며 바쁜 중에도 그들이 나를 필요로 할 때는 먼 거리라도 마다하지 않고 달려갔다. 아픈 분들에게 찾아가서 하나님의 뜻이 무엇인지 알게 해드리고, 아픈 중에도 함께해 주실 주님을 만나기를 원하며 손을 잡고 함께 기도했다. 취업이나 직장과 관련해서 어려운 상황에 놓였을 때 방법과 방향을 모색하며 함께 길을 찾아보기도 했다. 위기에 처한 가정에 찾아가서 부부간이나 부모와의 갈등, 경제적 어려움을 함께 이야기하며 그들의 마음을 위로해 주고 함께 울고 아파했다. 진로 고민이 있는 젊은이들에게 여러 가지 예를 제시하며 함께 해결했던 경우도 있다. 이러한 많은 일들이 주어질 때마다 그들의 꿈과 비전이 좋은 방향으로 진행되기를 지금도 진심으로 끊임없이 중보 기도하고 있다.

주님께서는 부족한 자이지만 내가 '누군가 널 위해 기도하는 자'가 되어서 전심으로 부르짖어 기도할 때 응답해 주신다는 믿음을 갖게 하셨다. 중보 기도자가 삶의 목표가 되어 사명을 감당할 수 있도록 인도해 주심에 감사드린다.

하나님의 손

　부산에 위치한 세계로교회에서 복화술연구소 안재우 소장님께서 인형 '강여사'를 동원하여 '하나님의 손'에 대한 말씀을 복화술로 전하셨다. 말씀을 전하는 내내 입의 움직임에 대해 관찰하면서 내용을 훌륭하게 전달하는 것을 보며 놀라움을 금치 못했다.
　복화술은 입술을 움직이지 않고 말을 하는 기술이다. 좀더 예술적인 표현으로는 '말소리를 던지는 예술'이라고도 한다. 고대 이집트나 그리스 등에서 종교나 요술에 결부되어 발전했으나 현재는 인형극에 많이 쓰인다. 보통 1인극을 할 때는 손에 장갑처럼 인형을 끼우고, 인형과 대화를 하는 식으로 진행한다. 자기가 말할 때는 정상적으로 말하고, 인형이 말할 때는 복화술로 말한다.

지금까지의 인생 여정을 돌이켜보면 하나님의 손이 함께하지 않은 적이 없었다는 고백이 절로 나온다. 매 순간 함께 해주신 하나님의 손길이 계셨기에 이곳까지 이를 수 있었기 때문이다.

마치 복화술에서 인형의 등 뒤에 손을 넣어서 말하며 동작하게 하는 것과 같이, 하나님의 손은 때때로 도와주시는 손으로, 보호해 주시는 손으로, 등 뒤에서 밀어주시는 손으로, 붙잡아 인도해 주시는 손으로 나를 이끌어주셨다. 그리하여 길이요 진리요 생명이신 주님께 온전히 나아가도록 인도해 주셨다. 이는 구원의 길, 생명의 길로 나아가도록 해주신 하나님의 사랑의 표현이었다.

성경에도 '하나님의 손'에 대한 말씀이 여러 곳에 있다. 하나님께서 그때마다 하나님의 능력으로 섭리해 주시는 역사를 볼 수 있다.

"그의 영광의 팔이 모세의 오른손을 이끄시며 그의 이름을 영원하게 하려 하사 그들 앞에서 물을 갈라지게 하시고"(사 63:12).

"하나님의 손이 또한 유다 사람들을 감동시키사 그들에게 왕과 방백들이 여호와의 말씀대로 전한 명령을 한 마음으로 준행하게 하셨더라"(대하 30:12).

"이에 블레셋 사람들이 굴복하여 다시는 이스라엘 지역 안에 들어오지 못하였으며 여호와의 손이 사무엘이 사는 날 동안에 블레셋 사람을 막으시매"(삼상 7:13).

"이는 땅의 모든 백성에게 여호와의 손이 강하신 것을 알게 하며 너희가 너희의 하나님 여호와를 항상 경외하게 하려 하심이라 하라"(수 4:24).

어렵고 힘들 때마다 "나의 등 뒤에서"라는 찬양곡을 얼마나 힘차게 불렀던지…. 지금 이 시간에도 찬양 가운데 역사하시는 하나님의 손길을 느낄 수 있어서 흐르는 눈물과 함께 감사와 기쁨으로 이 찬양을 부른다.

나의 등 뒤에서 나를 도우시는 주
나의 인생길에서 지치고 곤하여
매일처럼 주저앉고 싶을 때 나를 밀어주시네

나의 등 뒤에서 나를 도우시는 주
평안히 길을 갈 땐 보이지 않아도
지치고 곤하여 넘어질 때면 다가와 손 내미시네

하나님의 손

나의 등 뒤에서 나를 도우시는 주
때때로 뒤돌아보면 여전히 계신 주
잔잔한 미소로 바라보시며 나를 재촉하시네

일어나 걸어라 내가 새 힘을 주리니
일어나 너 걸어라 내 너를 도우리

"우리의 연수가 칠십이요 강건하면 팔십"이라는 말씀처럼 이제 칠순을 바라보게 되었다. 지난날을 돌아볼 때 "바람은 어디서 와서 어디로 가는지 보이지 않지만 그 현상을 보면 존재를 알 수 있다"라고 하듯이, 하나님께서는 보이지 않으시지만 현실에 많은 증거로 자신을 나타내셨다. 이러한 일들을 보면서 하나님의 손이 함께하셨다는 것을 확신할 수 있다.

지금까지 걸어온 길을 뒤돌아 보면 부모님 사랑, 형제간 우애, 배우자와의 만남, 자녀 양육, 직장 생활, 가정 생활, 교회 활동 등 영육이 강건하게 살아온 인생의 다양한 모습들 속에 하나님의 손이 늘 함께하셨다는 것을 고백하게 된다.

또한 힘들고 어려울 때마다 이사야 41장 10절 말씀은 항상 나에게 힘과 용기를 주며 다시 일어서게 했다.

"두려워하지 말라 내가 너와 함께함이라 놀라지 말라 나는 네 하나님이 됨이라 내가 너를 굳세게 하리라 참으로 너를 도와주리라 참으로 나의 의로운 오른손으로 너를 붙들리라"(사 41:10).

흔적을 지닌 자

인천으로 이사 온 뒤로 수요 예배와 목요 철야 예배는 ○○교회를 방문하여 드린다. 교단은 다르지만 복음의 진수가 동일하다면 이단이 아닐진대 형편에 따라 어느 교회에서든 예배를 드릴 수 있다고 생각한다. 이 교회 담임목사님의 목회철학을 통해 더 견고한 믿음의 자리에 설 수 있겠다는 확신을 갖고 계속 예배를 드리고 있다.

오늘은 고린도전서 15장 58절의 "그러므로 내 사랑하는 형제들아 견실하며 흔들리지 말고 항상 주의 일에 더욱 힘쓰는 자들이 되라 이는 너희 수고가 주 안에서 헛되지 않은 줄 앎이라"라는 말씀으로 "헛되지 않은 수고"라는 제목의 말씀을 전하셨다.

우리는 누구나 자기가 하고 싶은 일에 미칠 정도로 심혈을 기울이면 그 분야에서 월등하게 성장할 수 있다. 예를 들면 운동, 기술, 학문, 예술 등 다양한 분야에서 능력자로 인정받아 자신감을 갖고 활동할 수 있다.

사도 바울은 예수님께 미친 사람이었다. 그래서 복음을 전하는 것이 그의 온 삶의 목표요 사명이었다.

"내가 달려갈 길과 주 예수께 받은 사명 곧 하나님의 은혜의 복음을 증언하는 일을 마치려 함에는 나의 생명조차 조금도 귀한 것으로 여기지 아니하노라"(행 20:24).

그는 훌륭한 가문에서 성장했고 우수한 교육을 받은 사람이었지만, 복음에 빚진 자로 오직 예수님을 위하여 많은 험난한 여정을 겪게 되면서 그 모든 것을 배설물로 여기며 일생을 주님께 헌신하고 충성했다.

오늘 말씀을 상고하며 내가 지닌 예수님의 흔적에는 어떤 것이 있는지 돌아보면서 부끄러운 마음만 가득하였다. 나에게는 오래전에 근무하던 직장 기도실에서 매일 하게 된 개인 기도 시간에 주님께서 나의 가슴에 심어준 나무 십자가와 분홍빛 사랑 마크가 흔적으로 남아 있다. 감동과 감격으로 한없이 눈물을 흘리고 하나님을 찬양하면서 기뻐했던 그 순간을 평생 잊을 수 없다.

아직 가슴에 새겨진 나무 십자가와 분홍빛 사랑 마크가 남아 있긴 하지만, 그때의 열정과 감격이 많이 식은 상태라 다시금 그 열정과 감격을 되찾아야 할 것 같다. '흔적'은 있지만 예수님에 대한 사랑의 빛을 잃어버린 자가 된다면 '흔적'의 가치는 쓸모없게 될 것이다.

이제부터는 내 삶이 더욱 주 안에서 진국이 되어야 하고, 사도 바울처럼 나를 쳐서 오직 복음을 푯대 삼아 달려가는 인생이 되어야 할 것이다. 그리하여 "너희 수고가 주 안에서 헛되지 않은 줄 앎이라"라는 말씀이 나의 입술의 고백이 되어야 할 것이다.

"이후로는 누구든지 나를 괴롭게 하지 말라 내가 내 몸에 예수의 흔적을 지니고 있노라"(갈 6:17).

이정표

    2019년 3월, 자녀들이 결혼하기 전에 가족 간의 사랑을 돈독하게 하기 위해 가족여행을 가면 좋을 것 같다는 의견을 내 스페인과 포르투갈 여행을 다녀왔다. 장성한 자녀들과 함께하는 여행은 또 다른 기대감을 갖게 하였다. 우리는 이 여행에 결혼 전에 함께하는 마지막 시간이라는 의미를 부여했다.

    어릴 때 자녀들과 함께 여행했던 추억을 떠올리며, 이번에는 자녀들이 성장하여 결혼하기 전에 하는 가족여행이기에 더욱 들뜬 마음으로 여러 가지 활동을 자유롭게 하면서 행복한 시간으로 가득 채웠던 것 같다.

    그러나 아쉬움도 있었다. 많은 사람이 버킷리스트라고 말하는 산티아고 순례길을 여행하지 못한 것이었다. 그래서 우리는 가족여행을 마치고 돌아오는 길에 바로 다음번엔 스페인 산티아고 순례길에 도전해 보자고 마음을 모았다.

스페인 산티아고 순례길은 1993년 유네스코 문화유산으로 지정된 스페인과 프랑스 접경 지역에 위치한 기독교 순례길로, 성 야고보의 무덤이 있는 산티아고로 가는 길은 약 800㎞ 거리라고 한다. 주변 여러 나라를 통하여 순례길을 가는 방법이 있다고 들었고, 순례자의 마음으로 길을 가다 보면 먼 길이지만 이정표들이 있어서 안전하게 다녀오는 분이 많은 것 같았다.

오래전 직장에서 제주도로 연수를 갔을 때 한라산을 등정하는 일정이 있었다. 동료들과 함께 대화를 나누며 가다가 한 사람씩 앞서고 뒤서다 보니 어느 순간 나 혼자 걷고 있다는 느낌이 들었다.

주변을 살펴보아도, 큰 소리로 불러보아도 아무런 인기척이 없는 상태에서 고요한 정적만이 느껴져 갑자기 두려운 마음이 들었다. 계속 가다가는 일행과 서로 어긋난 길로 갈 수도 있을 것 같았다. 그 자리에 머물러 있으면 늦게 오시는 분들과 합류할 수 있겠다는 생각으로 한동안 기다렸다. 더구나 그때는 아직 핸드폰을 사용하지 않던 시기여서 서로 연락할 수도 없는 상태였다.

정말 답답하고 두려웠던 그때, 결국 한참 후에 올라온 일행과 만나게 되었지만 '곳곳에 좀더 친절한 이정표가 있었다면 도움이 되지 않았을까?'라는 생각을 한 적이 있었다.

우리 인생에도 이정표는 꼭 필요한 것 같다. 옳고 그름의 가치관이 흔들리며 그동안 진리라고 믿었던 것들이 부정되고, 주관적인 판단 기준이 진리라고 여겨지는 세대를 보면서, '인생에서도 진리가 되는 이정표가 필요한데 무엇을 기준으로 해서 나아가야 할까?' 하고 고민해 본다. 어느 길이 정말 올바른 길일까?

예수님께서는 성경의 산상수훈에서 "좁은 문으로 들어가라 멸망으로 인도하는 문은 크고 그 길이 넓어 그리로 들어가는 자가 많고 생명으로 인도하는 문은 좁고 길이 협착하여 찾는 자가 적음이라"(마 7:13-14)라고 하셨다.

급변하는 시대에 살고 있

는 우리는 나름대로 인생의 기준을 분명하게 하고 살아야 혼돈의 늪에 빠지지 않게 될 것이다. 올바른 가치 판단 없이 떠밀리며 살아가는 인생이 되다 보면 어느덧 우리의 모습은 추락하여 미로에서 헤매게 될 것이다.

오늘도 성경 말씀을 기준으로 좌로나 우로나 치우치지 않는 삶을 살기 위해 노력한다. 하나님의 말씀이 나의 삶의 이정표가 되는 것이 생명으로 인도하는 좁은 길로 가는 지름길임을 알기 때문이다.

글을 쓴다는 것

어린 시절부터 수줍음이 많아 사람 앞에서 말하는 것이 정말 부담되었고 표현력도 약한 편이었다. 더구나 글을 쓰는 재주도 없어 어린 시절 일기장을 보면 단순한 하루 일과를 나열하는 정도였다.

아침 7시 30분에 일어나서 밥 먹고 학교 가다가 친구 ○○를 만나서 같이 갔다. 학교에서 친구들과 재미있게 놀다가 청소하고 집에 와서 밥 먹고 숙제하고 잠이 와서 쿨쿨 잠들었다.

특별한 사건이나 생각을 기록한 것이 아니라, 학교 선생님께서 일기장 검사를 하니 겨우 매일의 사소한 이야기를 억지로 나열하며 공책의 여백을 메꾸어 갔다.

그러나 초등학교 시절에 쓰기 시작한 일기는 노년이 된 지금, 매일은 아니지만 꾸준히 삶의 모습들을 노트에 기록하는 습관으로 바뀌었다. 글을 잘 쓰고 못 쓰고를 떠나 내 인생의 진솔한 모습이 노트에 고스란히 담겨 있다. 그래서 나는 노트 쓰기를 어느 일과보다 중요하게 생각하며 즐긴다.

서론, 본론, 결론으로 글을 매끄럽게 쓰지도 못하고, 핵심적인 내용을 전달하는 것도 부족하다. 더구나 교훈, 감동, 재미, 지식 등 의미 전달이나 기교를 섞어 표현하는 것도 없는 무미건조한 글이기도 하다. 그러나 부족하나마 지금까지 써온 나의 노트들을 정리해 글을 써보기로 하였다.

인생 3막을 위한 또 하나의 흥미로운 일이 생긴 것이다. 그 용기가 그냥 주어진 것은 물론 아니다. 그동안 버리지 않고 간직해 놓은 노트들이 있기에 자신감을 갖게 되었다. 또 평범한 삶이지만 진솔한 나의 마음을 따뜻하게 전할 수 있는 방법을 배우고 익혀 나의 글을 읽는 분들과 일상적인 삶의 여정을 함께 나누기를 원했기 때문이다. 그러면서 내 글이 공감의 장이 되었으면 하는 바람을 갖게 되었다.

글을 쓰는 것은 내가 하는 것이 아니라 성령께서 도와주시고 인도해 주셔야 하는 일임을 하나님께 간곡히 기도를 드리며 시작했다. 그러지 않으면 글이 게처럼 자꾸 옆으로 벗어날 것이기 때문이다.

사실 여기까지 오는 것도 늘 기도할 때마다 함께해주셨던 하나님의 도우심이 있었기에 가능했다. 말씀으로 용기를 주시고, 막막할 때 기도하면 도와주시고, 길을 잃고 헤매고 있을 때는 길을 안내해 주시는 주님의 음성을 들려주셨기 때문이다. 일상의 소소한 이야기들이지만 하나님께 받았던 따뜻한 사랑을 누군가에게 전하고 싶다는 마음이 글을 쓰게 된 가장 큰 동기가 되었다.

주님과 동행하는 시간이 계속되었기에 오늘 글을 쓸 수 있는 기회가 주어진 것 같아 주님께 감사할 뿐이다.

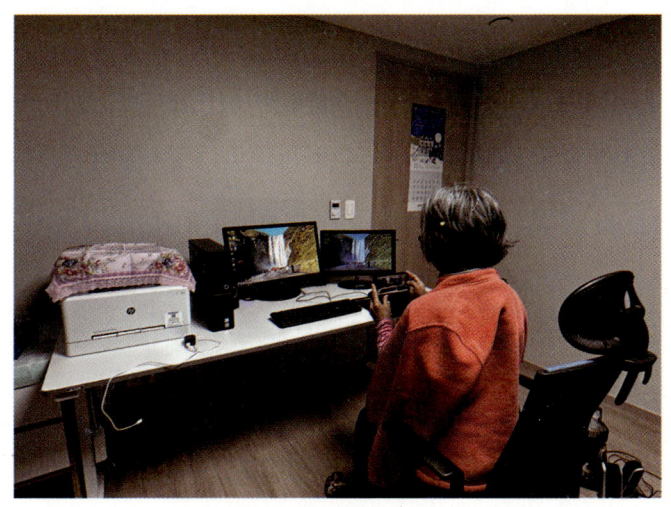

자녀들이 마련해준 작업실

4부

아직 끝나지 않은 노래

온실

　온실은 난방 장치가 된 공간으로 추울 때나 추운 지방에서 식물이 잘 자라게끔 적당한 광선, 온도, 습도 등을 인공적으로 조절하여 더운 공간 안에서 원예작물과 채소를 재배하는 비닐하우스다.
　여행을 다니면 그 나라 지역의 식물원을 찾아보면서 감탄을 많이 하게 된다. 조화가 아닌 살아 있는 식물들을 크고 작은 다양한 모습으로 멋지고 아름답고 신선하게 꾸며 놓았기 때문이다. 그냥 물만 주는 것이 아니라 다양한 건축물을 이용하여 식물이 잘 자라도록 장식한 온실도 많아졌다.

　대학원에서 가족복지학 과목을 신청하여 들을 때다. 교수님께서는 "내담자들을 상담하기 위해서는 가족 구성원의 3세대에 이르는 원 가족부터 알아야 한다"고 하셨다. 그러기 위해서는 수강하는 학생들이 원 가족에 대해 정직하게 이야기해야 다른 사람들을 이해하며 성실하게 상담에 응할 수 있다고 하셨다.

　수강생은 30여 명으로 연령과 성별이 다양하였고, 그중 내가 가장 나이가 많은 것 같았다. 한 사람씩 돌아가면서 자신의 가정사를 이야기했는데, 정말 멋지고 늠름한 남학생이나 예쁜 여학생 또는 중년의 주부 학생, 중년의 직장인 남학생 등 모두 순번에 따라 솔직하게 이야기했다. 조부모 때라든지, 부모 때라든지 혹은 지금 환경이든지, 학생들은 개인적으로 힘들었던 가정사들로 눈물을 흘려 가며 이야기를 나눴다.
　대다수 학생의 가정생활로 인한 고충을 들으면서 점점 다가오는 내 순서를 기다리며 무엇을 이야기할지 망설여졌다. 나는 60여 년간 모자람 없이 살아와서인지 힘들다고 생각해 본 적이 없는 것 같았기 때문이다. 아무리 생각해도 정말 기억나는 것이 없었다.

　드디어 내 차례가 되었을 때 나는 일어서서 솔직하게 이야기하였다.
　"이 수업을 듣는 분들 중에 제가 나이가 제일 많은 것 같은데, 사실 부끄러운 고백을 해야 할 것 같습니다. 지금까지 연로하신 부모님의 기도와 사랑과 헌신과 수고로 저는 마치 온실 속 식물처럼 인생을 살아온 것 같아 다른 사람의 고충을 이해하는 데 많이 부족할 수밖에 없겠다는 생각을 하였습니다. 이제부터라도 내담자들과 상담을 잘하기 위해 그들의 삶을 이해할 수 있는 간접 경험을 하도록 노력하겠습니다."

이제 노년의 시기가 되었음에도 부모님의 온실 속의 사랑은 늘 그립다.

온실 속에서 지낸 저자

상담자의 고충

　부모님의 헌신적인 사랑과 자녀를 위한 간절한 기도가 있었기에 우리 다섯 남매의 성품은 크게 모나지 않았으며, 어려서부터 성인이 될 때까지 싸우거나 미워하기보다 서로를 배려하고 아껴주는 가족 사랑이 깊었다고 할 수 있다.

　가정에서 건강하게 자라서인지 거리에서나 지하철에서 도움을 요청하는 이들을 그냥 지나칠 수 없었고, 주변에서 힘들고 어려운 사람들을 보면 어떻게 도와야 할지 긍휼의 마음을 자연스레 갖게 되었다.

　교직에 있을 때는 반 아이들의 어려운 형편을 보면서 내가 할 수 있는 것이 무엇인지 늘 고민하며 상담을 하게 되었고, 조금이나마 학생들에게 도움의 손길이 되고 싶은 마음이 간절하였다.

얼마 전 몇 년 만에 대학원에서 상담학을 함께 공부했던 분을 만나게 되었다. 생각날 때마다 가끔 연락하던 분이었는데 한동안 코로나로 꽤 오랜 시간 동안 연락이 없어 궁금하던 차에 서로 연락이 닿았다. 나이 차이는 조금 있었지만 수업도 같이 듣고 연수도 함께 다니며 서로 공감대가 형성되어서인지 즐거운 시간을 가지며 많은 이야기를 나눈 사이였다.

식사 후 차를 마시며 그동안의 활동에 대해 대화를 이어갔다. 그녀는 상담센터에서 그동안 배웠던 상담학을 통해 자신의 역량을 발휘하면서 지내고 있었고, 꿈도 많고 상담학을 좀더 깊이 연구하고 싶다는 의욕도 가지고 있었다.

예전에는 개척교회를 목회하시는 부모님도 계시고, 결혼한 남동생이 주식을 하여 경제적으로 많은 도움을 주며 지낸다고 했었다. 그런데 이번에 만나서는 가정형편에 대해 이모저모를 이야기하며 집이 경매에 넘어갈 지경이 됐고, 아버지께서는 은퇴를 하시고 신경을 많이 써서 암이 발생하여, 지금은 부모님과 함께 월세 주택에서 힘들게 생활하고 있다며 나지막한 목소리로 말했다. 이전의 당당하고 소신 있던 모습은 찾아볼 수 없었다.

나의 상황을 궁금해하여, 현재 특별히 하는 일 없이 은퇴 후 모처럼 여유로운 시간을 보내고 있다고 했다. 그녀가 너무 힘이 없으며 미래에 대한 불안감을 가지고 있는 것 같고, 또 그녀도 목회자의 자녀요 사명을 갖고 살아가는 분이기에, 얼마 전 들었던 '하나님께서 왜 인생에게 고통을 주시는가?'에 관한 말씀을 들려주었다.

첫째는 하나님의 사명에 불순종하기 때문이고(욘 1:1, 요나 참고), 둘째는 인간의 교만과 아집을 깨뜨리기 위해서이며(출 2:23-25, 모세 참고), 셋째는 오직 하나님만 의지하게 하기 위해서다(고후 1:8-10, 사도 바울 참고). 결국 이 세 가지를 통하여 인간의 삶의 의미를 알게 하시고 소원의 항구로 인도하시는 하나님이심을 진심으로 전하였다.

그동안 부모님께서 개척교회에서 목회하시는 것이 힘들어 보였지만 그녀는 큰 교회를 다니며 공동체에 적응하여 활동도 적극적으로 하며 새벽 제단에도 참여하였다. 직장 생활을 하면서 바쁜 중에도 하나님과 친밀해지려고 노력하였다.

그러나 지금 그녀는 이해하지 못하는 부분이 있다고 했다. 아버지가 아무리 힘들어도 왜 목회하시던 곳에서 그만두셔야 했는지, 자기로서는 이해가 안 되고 하나님마저 부인하고 싶다고 했다. 지금 다니는 상담센터에서 상담하는 일도 지친다고 하였다. 힘들고 어려운 상황에서 자존감마저 약해져 역량을 발휘하기가 쉽지 않아 보였다.

상담학을 공부하면서 상담자가 내담자와 만나 상담을 할 때 문제 해결이 어려운 경우가 생기는데, 그때는 슈퍼상담사와의 상담이 필요하다는 것을 배웠다.

그녀와 상담학을 함께 배웠지만 주님께서 주시는 말씀을 함께 나누며 그녀는 다시금 힘과 용기를 얻게 되었다. 그리고 가정적인 문제를 잘 다루거나 상담센터에서 상담자로서 더 많은 역할을 감당하려면, 슈퍼상담사 되시는 주님께서 문제 해결의 길을 제시해 주시고 인도해 주셔야 한다는 사실을 깨달았다. 즉, 슈퍼상담사 되시는 주님과의 상담이 먼저라는 것과, 모든 일을 긍정적으로 바라보며 다시 도전할 수 있도록 지원해 주는 상담 분야에서의 슈퍼상담사의 필요성을 깊이 깨닫게 되었다.

세대로 이어지는 끈

상대방과 이야기를 할 때 어렵고 힘든 마음을 토로하면 나는 연민의 마음이 생겨 어떻게 도와야 할지를 생각하며 먼저 기도하게 된다.

30여 년 전부터 함께 깊은 대화를 나누며 가깝게 지낸 J 선생님이 있었다. 그가 사적인 어려움을 이야기하면서, 함께 하나님의 뜻이 무엇인지 알기 위해 성령님께 도우심을 구하며 지내는 시간이 오랫동안 지속되었다. 내심 진솔한 마음으로 대화하였기에 서로 공감하며 힘들고 어려운 상황들로 인해 함께 아파했었다.

각자의 생활이 바빠 한동안 연락을 하지 못하고 지내다 얼마 전 밝고 낭랑한 목소리로 안부를 물어왔다. 그래서 반갑게 통화를 하던 중에 자녀에 대한 상담을 원해 만나기로 약속하여 시간을 냈다.

성인이 된 자녀와 함께한 자리여서 그를 보자마자 반가운 마음에 안으면서 "고맙다"라는 인사를 먼저 하였다. 요즘은 엄마가 원한다고 젊은이들이 무조건 따르는 시대가 아닌 것 같았기 때문이다. 그것도 본인의 아픔을 이야기해야 하는 상황이었기에….

식사를 마치고 성경책과 노트를 꺼내면서 대화가 시작되었다. 자녀는 직장에서의 어려움을 토로하면서 너무 힘들어 지금은 휴직한 상태라고 하였다.

자녀의 고충은 직장에서 성실하게 일하여 승진하게 되자 이를 시샘한 동료들이 사내 게시판에 험담하는 댓글을 달며 시작되었다. 나는 그가 말할 때 공감하면서 내가 겪은 경험담을 예화로 들었다.

교직 생활을 한 나는 학생들과 잘 지내는 것이 교사로서의 사명과 역할이라고 생각했다. 그러나 교사들 중 몇몇이 승진을 목표로 경쟁의식을 갖고 보여주기 식으로 일을 처리해 가는 것을 보게 되었다. 나로서는 행정적인 면에서 관리를 하는 것보다 학생들과 사제지간의 관계를 돈독하게 하며 교육 활동을 하는 것에 가치를 두고 교직에 임했기에, 승진해서 관리직을 맡는 것에 별 관심이 없었다. 하지만 일부에서는 당사자의 의견을 무시하고 그들이 원하는 인물을 자리에 추천하는 경우가 있었다. 그 인물 중에 나도 있었다. 나는 그

대상에서 제외되기를 원했지만 내 의견을 무시하고 자기들 주장대로 내 이름을 올렸고 결국 그들이 원하는 대상을 선정하였는데, 이때 마치 내가 원해서 내 이름이 올라갔던 것처럼 소문이 난 경험이 있다.

어릴 때부터 알고 지내온 터라 이 외에 몇 가지 더 예를 들면서 그동안 내가 살아오며 겪은 일들을 이야기했는데, 그는 그 내용을 잘 이해하며 받아들였고 질문도 하였다.

긴 시간 동안 대화하였고 두 사람이 약속된 일정이 있어 가야 한다고 하기에, 몇 구절의 성경 말씀과 노트에 기록된 내용을 보여주면서, 이 만남은 하나님께서 인도해 주신 것 같다고 얘기하였다.
자녀에게 본인이 겪은 문제에 대한 상황을 말해 보라고 했을 때 그는 한마디로 "그들이 너무 가혹하다"고 답했고, 나중에 그의 엄마는 함께 기도할 수 있도록 하나님께서 인도해 주셔서 감사하다고 하였다.

주님께서 기도 시간에 "내가 그들을 네게 보내는 거란다. 그들에게 나를 전하여라. 믿음 안에 온전히 설 수 있도록…. 그것이 너를 찾게 한 이유다. 내가 그들을 사랑한다"라고 말씀하셨다. 나는 "주님, 알겠습니다!"라고 하였고, 주님의 뜻을 알고 전할 수 있음에 감사드렸다.

두 모자와 헤어지고 집으로 돌아오면서 하나님께서 이들의 마음을 선히 인도해 주셔서 모든 상황이 평안하게 되기를 간절히 기도드렸다.

꽃다운 노년

2023년 ○월 ○○일 금요일.

우리의 만남은 특별하다.

노년이 되면서 외로움을 서로 함께하며 주님 안에서 위로와 격려, 기쁨, 사랑을 나누는 모임을 가졌으면 하는 바람으로 이 만남이 시작되었다.

또한 아픔이 있는 분도 계셔서 오랫동안 응어리진 마음을 쉽게 드러내기가 어렵겠지만, 아주 조심스레 마음 문을 두드려 보았다. 어느 정도의 시간이 지났기에 함께할 수 있다는 연락을 받고 멤버를 구성해 보았다. 꾸준한 만남으로 이어가려고 단체 대화방의 명칭도 정하여 예쁜 이름의 '미소녀 방'이 탄생했다.

일부 대화 내용을 여기에 옮겨 본다.

"샬롬! 만남의 기쁨 나누며 앞으로 함께할 것을 생각하니 행복 가득입니다. 미소녀의 아름다운 모습이 이 방에 가득 넘치기 원합니다~^^ 아름다운 오월에 함께할 수 있어서 감사하네요. 앞으로 즐거운 시간 만들어가요."

"오늘 하루 행복하고 감사했어요. 맛있는 점심을 제공한 ○님과 커피를 사주신 숙성님 감사해요. 단톡방을 만들어서 사진까지 찍어서 올려줘서 감사해요."

"미소녀란 아름다운 이름을 만들어준 H님도 감사."

"고마워요! 좋은 사람들을 하나님 안에서 만나게 해주신 주님, 감사합니다!"

"환한 미소로 늘 반갑게 만나요.ㅋ~♡"

"○님, 오늘 음식도 맛나게 먹고 마음 열어줘서 정말 고마웠어요^^"

"ㅎㅎ~ 늘 고맙고 감사할 뿐이에요!! 그 사랑을 알기에…!!"

"님들 덕분에 너무 행복한 하루를 보냈어요!! 앞으로 더 행복하게~ 미소녀답게 노력할게요! 모두 모두 감사하고, 사랑해요!!"

일 년이 지났지만 처음 마음이 변치 않고 서로 기대하는 마음으로 몇 번을 더 만났다. 다음은 일 년이 지나 2024년 ○월 ○○일 만남을 기대하며 나눈 대화 내용이다.

"미소녀님, 주일 은혜로 한주간 시작합니다. ○○일 모임에 대해서 님들의 의견을 소중히 여기며 함께하기를 소망합니다. 몇 가지 제안은 날이 더우니 외부에서 오래 걷는 것은 힘들 수 있겠다는 말씀이 있었습니다.
참고로 남산 주변, 삼청동, 강남 지역 등 의견 주신 분이 있는데 또 다른 장소와 이 기회에 꼭 함께하기를 원하시는 곳이 있다면 적극 동참하겠습니다.
의견 요청 바랍니다. 맛점하세요~^^"

"지난밤 단잠 주무셨나요? 설레는 맘 땜에 선잠으로 보내셨나요? 더운 날씨지만 맑고 푸르름이 돋보이네요! 즐거움과 감사가 가득한 하루이길 바랍니다.
특히 운행하면서 가이드로 수고해 주시는 K님께 감사드려요~^^ 저는 9호선 타고 가고 있어요~~"

"아무튼 숙성님은 문학소녀이십니다. 배우고 싶네요!"

"미소녀님~♡ 댁에 잘 들어가셨지요? 멀리 간 듯한데 하루가 너무 짧은 느낌입니다~^^ 푸르름의 자연과 함께 아름다운 님들과 맛있는 식사와 차, 과일, 옥수수, 초콜렛 등 입도 즐겁고 만족스러운 시간으로 가득 찬 하루였습니다. 특히 남양주까지 베스트 드라이버로 가이드해 주신 K님께 고마움을 전하며 행복한 추억을 가득 담았습니다. 다음 만남을 또 기대하며 이 밤 편히 쉬세요~♡"

"우리 예쁜 님들 식사 장소와 봉주르를 안내한 K님, 운전까지 해주셔서 넘 감사하고요. ○님 맛난 간식과 자두, 넘 맛있었어요. 또 H님, 맛있는 메밀국수 집을 안내해 주셔서 지금까지도 배부릅니다. 늘 웃음으로 함께한 님들 감사합니다. 평안한 밤 되세요.♡ 숙성님, 늘 자발적으로 모든 일을 소리 없이 해주심에 감사하고요. 총무까지 해주셔서 돈 지출까지 신경 써주시고 사진까지 찍어주심에 감사 감사합니다. 님들 모두 모두 사랑합니다."

"근데, 무슨 기름값을! 다들 즐거웠다니 좋아요! 나도 좋았어요! 즐잠하세요!"

"총무로 수고해 주신 숙성님, 운전으로 수고해 주신 K님, 평안한 얼굴로 함께한 H님, J님, 넘넘 고마워요!! 편안한 밤 되세요*^^*"

"오늘 나들이로 하루가 아닌 며칠 지나서까지 즐거움 가득할 것 같아요. 맘 편히 서로 생산적?(K님 웃겠다.ㅋ) 건설적? 얘기로 하루를 지날 수 있다는 것이 너무 감사하네요. 운전하신 K님, 신경 쓰느라 수고하셨어요. 꾸벅! 모두들 편히 쉬시고 굿잠 되셔요.~♡"

보통은 편리하게 전철을 이용할 수 있는 장소를 정하여 모임을 가졌지만, 그날은 K님의 수고로 차를 타고 남양주로 가서 식사 후 카페에 가기로 하였다. 우리는 어린아이마냥 선잠을 자며 기대와 흥분으로 아침을 기다리다 다들 일찍 모임 장소로 달려나왔다.

우리는 한 차에 다섯 명이 타고 하하호호 신나게 재잘거리며 목적지로 출발했다. 교통 표지판을 제대로 보지 않아 목적지를 지나쳐 가기도 했지만, 그마저도 깔깔거리며 마냥 즐거운 표정으로 노년의 기쁨을 한껏 뿜어내며 달렸다.

마치 푸르른 들판에 예쁘게 핀 들꽃들처럼….

봉주르 연못의 무지갯빛 분수

들판에 핀 예쁜 들꽃들

건강관리

한 치 앞을 내다볼 수 없는 것이 우리네 인생이다. 어제까지도 건강한 생활을 하며, 해야 할 일들을 마치기 위해 부지런히 움직이면서 잘 지냈다. 그런데 체력을 좀더 키우려고 오랜만에 딸이 사준 실내용 자전거를 탄 것 때문에 몸에 무리가 간 것 같았다. 걱정이 되어 이런저런 생각을 하게 되었다.

'엉덩이 부위 인대가 늘어난 것일까? 관절에 이상이 생긴 것일까? 어느 정도의 상태일까?'

엉거주춤하며 활동하는 것이 영 불편하다. 할 일이 이것저것 보이건만 움직이는 것이 부자연스러우니 몸을 생각하여 하지 않게 된다.

여행하는 것이 좋아 여러 나라를 즐겁게 활보하고 다녔고, 내년

1월에는 남미 5개국을 다녀오는 일정이 계획되어 있어 건강관리를 미리 해야 한다며 시작한 자전거 운동인데 시작하자마자 브레이크가 걸린 것이다. 그만큼 다리 근육이 약해졌다는 의미일 것이다.

이전의 여행지와는 달리 남미 5개국은 이동 거리와 지역 특성상 건강해야 갈 수 있는 곳이어서 나이가 많이 드니 조심스러웠다. 그래서 7개월여 앞두고 체력 관리를 하겠노라 다짐하며 시작한 것인데 몸이 불편하게 되어 충격을 받았다. 그만큼 체력을 키워야 한다는 의미라고 생각한다.

앞으로 남은 시간 동안 체력 단련을 통해 다리 근육을 더 튼튼하게 키우고, 고산증에 대비하면서 넓은 대륙 횡단에 지장이 없도록 체력적으로 준비를 해야겠다고 결심하였다.

사실 칠순을 앞두고 지금까지 오랜 직장 생활을 하면서 건강하게 살아온 것에 항상 하나님께 감사하며 지내고 있다. 부모님께서 물려주신 건강 DNA로 그동안 무척 바쁘게 살아왔다. 지난 세월을 돌아보면, 새벽부터 밤까지 하루 스물네 시간이 아니라 스물다섯 시간이어도 부족하다고 할 정도로 열심히 살아왔다. 질병으로 인해 복용하는 약 없이 지금까지 지내는 것은 감사 중에서도 큰 감사다. 예전엔 여자가 뼈가 굵은 것이 부끄럽다는 생각을 하였으나 나이가 들고 보니 오히려 큰 감사로 다가온다.

이제부터라도 무리하지 않고 체력에 맞는 운동을 하며 건강관리를 잘하여 남은 인생 동안 다른 사람에게 부담을 주지 않고 아름답고 멋있게 살아가리라 다짐해 본다.

개골개골

　프랑스 파리 여행을 다녀와서 옛 고향 언니들을 만나려고 약속 날짜를 정하는데, 언니들도 모두 바쁜 일정이어서 6월 25일에 겨우 만남을 갖기로 약속하였다.

　언니들이 늘 친구 동생인 나를 칭찬해 주고 격려해 주며 아낌없이 사랑해 주어 언니들을 생각하면 마음이 따뜻해진다. 또한 언니들에게 줄 에펠탑이 새겨진 선물도 준비했기에 그날이 기다려졌다.

　그러던 중 실내용 자전거로 체력 단련을 하려고 근육 운동을 하다가 다리가 불편한 상태가 되어 정형외과를 향했다. 엑스레이를 여러 장 찍었는데 다행히 뼈에는 이상이 없다는 검진 결과로 안심이 되었지만, 설레면서 기다렸던 언니들과의 약속을 지키기는 어려울 것 같았다. 그래서 언니들끼리 만나라고 하였더니 한 사람이라도 빠지면 안 된다며 다음으로 연기하자고 하였다. 언니들은 오히려 다리 아픈 것을 걱정해 주었고 빨리 회복해 만나자고 하였다.

　언니들에게 미안한 마음으로 지내던 중 다리가 빠르게 회복된 것 같고, 여름 장마에도 개었다 흐렸다를 반복하는 날의 즐거움도 누릴 겸, 비가 사뿐히 내려도 좋을 것 같아서 인천에서 7월 초에 번개팅을 하자고 했더니 아쉽게도 이미 약속들이 있어서 어렵다고 했다. 아쉬운 마음이 들었지만 언니들과는 늘 전화로도 즐겁게 대화를 나누었다.

언니들과 대화한 내용

숙성: 아파트에서 개골개골 우는 소리가 많이 난답니다. 여기가 시골인가 하고 지냅니다~ㅎㅎ

B: 어머나~~ 개구리 소리 반갑네! 그만큼 청정 지역이라는 소리지. 난 개구리 참 좋아하는데~ㅎㅎ 요즘은 참개구리, 청개구리, 두꺼비 보기도 힘들어!

숙성: 아~그런가요? 그럼 이곳으로 놀이 삼아 오실래요? 저는

재작년에 자곡동 율현공원에서 본 개망초랑 금계국의 들판을 그린 언니의 그림이 생각나요~ㅎ

B: 가고 싶네~~ 거기도 개망초와 금계국이 흐드러지게 핀 고수부지가 있어? 숙성이네 집 근처에서 그 황홀했던 풍경을 본 지도 2년이 넘은 것 같네. 세월은 정말 속절없이 가는구먼!

숙성: 그러게요~ 개망초와 금계국은 곳곳에 피었지만 율현공원의 느낌은 아닌 것 같네요! 세월은 유수같이 흘러가니 살아갈 날들에는 좀더 시간을 멋지게 이용하며 살아야지요~^^

개망초와 금계국이 핀 고수부지

B 언니가 그린 그림

개구리는 밤낮이 없는지 새벽에도 개골개골 운다.

어느 날 아들이 함께 아파트 주변을 거닐다가 어릴 때 들었던 청개구리 동화 이야기를 하였다. 엄마 말을 안 듣고 매일 반대로만 행동하는 청개구리가 있었다. 아들 청개구리가 늘 반대로만 행동하니까 엄마 개구리가 죽기 전에 강가에 무덤을 만들어 달라고 부탁했다. 그런데 이번엔 청개구리가 엄마 유언을 그대로 따라 강가에 무덤을 만들었다. 그 후로 비가 올 때마다 엄마 무덤이 떠내려갈까 봐 청개구리가 울게 되었다는 내용이다.

아들과 청개구리 이야기를 나누며 '비가 사뿐히 내리는 어느 날 언니들과도 청개구리 이야기를 하면서 즐거운 만남을 가졌으면…' 하고 기대하는 마음을 가져 보았다.

여고 동창생

　무더위가 기승을 부려 오랫동안 언니들과 만남을 갖지 못하다 드디어 날을 잡고 만나기로 약속했다. 서로 반가운 마음으로 맛있는 음식과 차를 나누고, 선물도 주고받으며 정다운 마음도 함께 나눴다.

　1969년 ○○여고 1학년 때 죽반에서 만난 우리 언니와 언니 친구는 지금 70세가 넘었지만 절친으로 지내고 있다. 나는 여고 동창 절친이 없어 무척 아쉽다.
　나의 친언니 A는 같은 반 친구인 B를 교회로 인도했다. 교회학교 고등부에서 둘 다 임원을 맡아 같이 활동을 하였으며, 학교 등하교 때나 주말에도 교회에서 거의 시간을 함께 보낸 정말 친한 친구였다. 주일예배는 물론이거니와 성경 공부, 문화 행사인 '시와 찬미의 밤', 주변에 있는 교회들이랑 연합하여 하는 체육대회 등 모든 것을 함께했다. 그렇기에 남녀 고등학생들이 함께 모여 열심히 준비하면서 즐겁게 지냈던 사춘기 시절을 그리워하는 언니들의 모습을 옆에서 볼 수 있었다.

70세 때는 칠순 기념으로 교회 남녀 동기들에게 연락해 함께 만나기도 하였다. 이제는 노인의 모습이 역력하지만 앳된 10대의 모습을 그리며 청춘으로 돌아간 듯 대화를 나누는 모습을 지켜보면서 함께 즐거워하였다.

언니들이 사춘기의 젊은 날을 추억하며 오랫동안 마음속에 간직해 온 사랑 이야기를 털어놓을 때는 듣는 즐거움도 있었다. 나는 언니들의 모임에서 총무로 활동하였고 회계, 사진 촬영, 모임 장소 추천 등 다양한 가이드 역할을 하였다. 언니들의 편의를 위해서 기꺼이 모임에 함께하게 되었다.

사실 두 언니는 결혼 후 자녀들이 성장할 때까지 연락이 되지 않다가, 서로의 생활이 궁금하던 중 B 언니가 A 언니의 부모님 댁으로 안부 전화를 걸어 연결된 이후 계속 만남을 이어가고 있다. 그동안 두 언니는 교회에서 신앙생활을 열심히 하면서 권사 직분을 받고 성실하게 섬김과 봉사의 사명을 감당하며 지냈다.

재경 동창회에도 함께 참여하여 각각 회장과 총무직을 맡아 예전에 교회에서 하던 제비뽑기로 선물 주기, 스톱 게임 등 여러 가지 새로운 아이디어로 이벤트를 하며 동창생들에게 인기를 독차지하는 임원진으로 사랑받으며 활동하고 있다.
　그날의 만남과 헤어짐을 아쉬워하면서 나눈 톡방 대화 내용을 옮겨 보았다.

[숙성]
ㅎㅎ 더운 날씨에도 아랑곳하지 않고 만난 언니들과 시간 가는 줄 모르고 내면의 마음을 나누었네요.
아마 인생의 마지막 단계를 어떤 가치관을 갖고 지내느냐가 중요하다고 생각하며 살아가기에 제 말이 길어진 것 같아요~^^
일상의 일들이 견뎌내기 어렵기에 성경 말씀에 기록된 사랑장에도 인내, 오래 참음, 견딤이 3번이나 나오나 봅니다.
시원한 계절이 오기 전 다시금 열기를 식힐 겸 만남의 장을 가져 보아요~♡
선물이 많네요~~ㅎ
오늘 시간 내주셔서 감사드리며 사진 찍은 것이 없어서 아쉽네요~ㅎㅎ
맛저하세요~♪♬

[B 언니]

오늘 보고픈 동생 박 권사와 나의 영원한 베프 A와 함께하며 즐거운 시간 보냈네~~

믿는 자가 노후의 삶을 어떻게 살아야 할지 박 권사님의 말씀으로 선한 도전의 시간도 갖고~~ 또 만나~~~♡♡♡

[A 언니]

서로를 아껴주는 자들만이 가질 수 있는 나눔과 베풂에 오늘 이 행복했습니다.

음식을 나누고 정을 나누고 생각을 나눌 수 있어서, 맘껏 담아둔 얘기를 솔직하게 얘기할 수 있어서 값진 시간이었네요.

해가 더 저물기 전 아름다운 노을을 만끽하며 주님 안에서 사랑을 또 노래해 봐요. 사랑합니다.~♡

[B 언니]

국쌤다운 은유~~

아름다운 노년의 삶- 노을~~♡

나눔과 베풂, 정-사랑의 원천-

난 박씨 자매들에게서 이런 사랑을 듬뿍 느낄 수 있으니 행복한 사람입니다~♡ 굿나잇~~~♡♡♡

언니들과 함께 나누었던 많은 이야기를 되뇌이며 앞으로 살아갈 날들은 더욱 멋진 삶이 되기를 소망하고, 주님께서 우리를 선히 인도해 주시기를 기도하며 잠자리에 들었다.

헤어스타일

　많은 여성이 외모가 아름다운 사람을 부러워하는데, 특히 헤어스타일은 그 사람의 분위기와 모습을 한눈에 느끼게 하는 중요한 부분이다. 사람들은 다양한 가치관을 가지고 살아간다. 그러나 인격 존중을 기본으로 하는 가치관도 시대의 흐름에 따라 변화되어 가고 있다.
　내적-외적, 생물-무생물, 인간-사물 등의 구분만이 아니라 본인이 관여하는 직종에 따라, 삶의 방식에 따라, 견해에 따라, 종교적 관점에 따라 가치관의 기준이 다르다.
　현대에 와서는 물질과 외모가 너무 큰 비중을 차지하는 물질만능주의 외모지상주의가 유행이다. 특히 젊은이들에게 사는 목적이 무엇이냐고 질문하면 "돈 버는 것이다", "좀더 아름다워지는 것이다"라는 답변을 쉽게 하는 것을 볼 수 있다. 물질만능주의가 지배하는 시대에 따른 생각일 수 있으나 왠지 씁쓸함이 앞선다.

　대학 졸업 후 취업 전까지 몇 개월 동안 시간을 허비하기가 아까워 먼 거리를 다니며 미용 연수를 받았다. 미혼 여성의 순수한 마음으로 결혼하면 남편과 자녀의 머리 손질을 직접 해주겠다고 생각하였다. 그 이후에 취업이 되어 미용 자격증은 취득하지 못했고, 수료증만 받은 상태에서 벌써 45년의 시간이 흘러갔다.
　결혼 후 아들이 다섯 살쯤 되었을 때 나름 단정하게 머리를 커트해 준 적이 있는데 남편이 못마땅하게 여겨 그 후로는 하지 않았다.
　그런데 요즈음은 미용 과정 수료 45년 차임을 생색내면서 부지런히 남편과 나의 머리를 손질하고 있다. 원하는 사람이 있으면 누구든 커트를 해주기도 했다. 남편도 용모에 관심이 있는 편이라 조심스럽게 커트하고 다듬고 나면 단정하게 손질한 것에 대해 인정해 준다.
　직장 다니며 바쁘게 지낼 때는 2~3개월마다 파마와 커트를 하러 미용실에 다녔는데 지금은 머리가 처지거나 길다고 느껴지면 집에서 직접 커트를 한다. 사람들이 나의 헤어스타일이 멋지다고 부러워하는 경우도 있다.
　지금은 머리 염색도 안 하고 지낸다. 한 번 염색하면 희끗희끗 올라오는 새치머리로 인해 신경이 쓰여 지속적으로 해야 하며, 염색약이 피부에도 영향을 주어 해로울 수 있다는 생각이 들어 하지 않는다. 그런데도 색상이 브릿지한 것처럼 보여 백만 불짜리 헤어스타일이라고 칭찬해 주시는 분이 많다.

오늘은 며칠 전에 며느리가 머리 커트를 나한테 하고 싶다면서 불편하지 않으시냐고 묻길래, 단발머리 스타일은 처음 해보는 것이어서 어떨지 모르겠지만 해주겠노라고 했다. 머리숱이 많아 머리가 길면 무겁게 느껴진다고 하였다. 나도 머리카락이 길게 자라면 무겁다는 느낌이 들기에 공감하면서 적당한 길이로 커트를 했는데 12cm 정도 자른 것 같다.

며느리가 만져 보더니 가볍고 적당한 것 같다고 만족해해 나도 기분이 좋아졌다. 다음에도 머리카락이 길어 무겁게 느껴지거나 커트하고 싶으면 언제든지 얘기하라고 하였다.

나의 미용 과정 수료 45년 차 경력이 이제야 빛을 보는 것 같다. 남편뿐 아니라 며느리까지 커트를 해주다니….

옥수수

옛 시절에 옥수수를 먹으면서 남녀노소가 가리지 않고 부르던 노래가 있다. 홍난파 작곡, 윤석중 작사로 알려진 "옥수수"라는 동요이며, 가사는 다음과 같다.

우리 아기 불고 노는 하모니카는
옥수수를 가지고서 만들었어요
옥수수 앞 길게 두 줄 남겨 가지고
우리 아기 하모니카 불고 있어요
도레미파솔라시도 소리가 안 나
도미솔도 도솔미도 말로 하지요

며칠 전 어떤 장로님 부부께서 시골에서 무공해 농사로 지은 첫 수확물이라며 지저분한 껍질들까지 정성스레 손질한 옥수수를 보내주셨는데, 옛 시절 추억이 새록새록 떠올랐다.

어느 나른한 여름날 어머니께서 가족들 간식으로 옥수수를 가득 쪄 소쿠리에 담아 대청마루로 가지고 오셨다. 우리 다섯 명의 형제자매들은 욕심이 적은 편이어서 먼저 큰 것을 먹겠다고 고르며 싸우는 일이 없었다. 그 대신 옥수수를 입에 대고 누가 먼저 "옥수수" 노래를 부르느냐가 언제나 관심사였다. 나이 어린 동생들도 한 입 베어 물고서는 누나들이 부르는 노래를 흥얼흥얼 따라 불렀다.

우리 가족은 부모님과 자녀 모두 노래 부르기를 좋아했는데, 주변 분들로부터 중창단을 만들어 대회에 나가 보라는 권면을 받을 정도였다. 그러나 우리 가족은 교회에 다니며 성가대 봉사를 통하여 맘껏 찬양을 하나님께 올려 드리는 일로 만족했다.

늦은 시간이었지만 옥수수로 잠시 옛 추억을 떠올리며 미소 짓게 해주신 장로님 부부께 감사한 마음을 전하였다.

"무더위와 장마의 날씨에 많이 힘드시지요?
땀 흘리며 애쓰시는 권사님의 모습이 떠오르네요!

손질하신 첫 수확 옥수수를 받고 보니 두 분의 정성이 느껴집니다.
정말 맛있게 감사히 먹을게요~♡
이 밤 주님의 평강이 함께하시길 원합니다~^0^"

배웅

일상에서 '마중'과 '배웅'은 상반된 단어로, 이해하기에 따라 다르게 느껴지기도 한다. 육하원칙에 따라 언제, 어디서, 누구를, 어떻게, 무엇을 위해, 왜 만나느냐에 따라 느낌이 달라질 것이다.

○년 ○월 ○일은 S 목사님 내외분이 캐나다에 있는 자녀들을 방문하러 가시는 날이다. 목사님께서는 한국에서 목회하시다가 나중에는 캐나다에서 이민 목회를 하셨다. 10여 년쯤 현장 목회를 하시면서 세 자녀를 양육하시다 어려운 가운데 다시 한국으로 오시게 되었고, 현재 섬기는 교회에 부임하셔서 담임목사로 사역중이시다.

자녀들은 한국과 캐나다를 오가며 학교에 다니다 어느 정도 성장하자 캐나다에서 계속 교육을 받게 되었고 이제는 어엿한 성인들로

자란 상황이다.

특히 올해는 사춘기 시절에 진로의 고충이 많았던 세 자녀가 모두 대학, 대학원을 졸업하게 되었다며 무척 기뻐하셨다.

더욱이 사모님께서는 어려운 시기에 부모로서 사춘기 자녀들과 떨어져 지낸 것이 너무 미안했는데 이번에 휴가를 받아 가게 되어 너무 감사하다며, 자녀들과 함께하는 한 달여 시간에는 다른 집들처럼 가족들과 함께 일상을 보내고 싶다고 하셨다.

예를 들면 근처 마트에서 사온 식품으로 정성껏 아침 식사를 만들어 먹이며 출근시킨다든지, 셔츠나 바지 등을 깨끗이 다림질하여 그것을 입고 출근하게 하는 것이 바람이라고 소박한 엄마의 마음을 전하셨다.

오늘은 남편이 먼저, S 목사님께서 그간 목회 현장에서 힘들고 어려운 생활을 하다 오랜만에 자녀들을 만나러 가시니, 근래 공항 근처로 이사 와서 살고 있는 우리가 배웅을 하러 가자고 하였다.

여러 가지 상황이 있었지만 이런 기회가 자주 있는 것도 아니니 전철을 타고 다녀오자고 합의가 되었다.

오후 6시 출발 비행기여서 시간에 맞춰 갔는데, 아무리 찾아도 안 보이셔서 아직 도착하지 않으셨나 했더니 로밍을 하러 가셨다고 했다.

반갑게 만남의 기쁨을 나누고, 식사는 하고 오셨다고 하여 간단히 간식 자리를 마련하려는데 서로 비용을 지불하겠다고 하는 바람에 목사님께서는 아이스크림, 남편은 스틱 빵을 사와 맛있게 먹으며 50여 분간 다양한 이야기를 나누다 출발 시간이 되어 자리에서 일어났다.

나는 결혼한 따님을 위해 조각 찻잔 받침 두 세트와 간식을 선물로 준비해 드렸다.

바쁜 생활 가운데 시간을 내 목사님 내외분과 함께한 '배웅'의 시간이, 모처럼 자녀들을 만나러 가는 두 분께 반갑고 즐거운 시간이 되고, 격려와 사랑을 나누는 이해와 배려의 소중한 시간이 된 것 같아 주님께 감사의 마음을 올려 드렸다.

무소유

　법정 스님께서 쓰신 《무소유》가 생각나는 요즈음이다. 오래전에 읽었지만 늘 마음 한편에 자리 잡고 있는 '무소유'의 개념을 '불필요한 것을 갖지 않는다'는 의미로 받아들였다.
　《무소유》 중 특히 기억 남는 내용이 있다. 법정은 어떤 승려에게 난초 두 분을 선물 받았고, 난초 키우는 법을 공부해 가면서 그 난초들을 정성스레 돌보았다. 그러던 어느 날, 외출했다가 뜰에 내놓고 온 난초가 생각난 법정은 허겁지겁 길을 되돌아왔다. 생기를 잃고 축 처져 있는 난초를 살려보려 하던 법정은 난초 때문에 자신이 한 행동을 돌이켜 보며, 자기가 난초에 집착했음을 깨닫는다. 얼마 후, 난초처럼 말이 없는 친구가 찾아오자 법정은 그에게 난초들을 안겨 준다. 홀가분한 마음을 느낀 법정은 하루에 한 가지씩 버려야겠다고 스스로 다짐한다.

개인적으로 젊었을 때는 소유하려고 했던 것이 많았다. 의식주 등에 관해 더 좋은 것을 더 많이 가지려 했고, 살아가는 데 필요한 물질적·현실적인 것뿐 아니라 사랑, 열정, 자신감, 지식, 명예, 권력 등을 추구하면서 열심히 달려온 것 같다.

사실 세상에 태어날 때 나는 아무것도 가지고 온 게 없었다. 살다가 세상을 떠날 때도 빈손으로 갈 것이다. 그런데 살다 보니 이것저것 내 몫이 생기게 된 것이다. 그러나 이제 노년의 시기가 되면서 소유하려는 것보다 버려야 할 것을 찾게 되고, 불필요한 것들은 가지려고 하지 않게 된다. 내가 '아끼고 사랑하며 애착을 가졌던 것들 중 무엇부터 버려야 할까?' 또 필요로 하더라도 꼭 구입해야 하는지 망설여지기도 한다.

살아갈 날이 점점 줄어드는 인생이기에 예전에 욕심과 욕망으로 끝없이 가지려고 추구했던 것들을 이제는 서서히 내려놓게 된다. 한 치 앞도 내다보지 못하는 인생이기에 이미 가진 것에 만족하기보다 그동안 쌓아 놓은 것들을 정리하면서 홀가분하게 남은 인생을 살아가는 것이 아름다운 인생 여정이 될 것이다.

부귀영화를 누렸던 솔로몬왕은 성경 말씀 중 전도서를 통해 이렇게 말했다.

"헛되고 헛되며 헛되고 헛되니 모든 것이 헛되도다"(전 1:2).

우리 삶의 그릇에도 물을 채워야 할 때가 있고, 비워야 할 때가 있다. 인생은 흘러가는 것이 아니라, 채우고 비우는 과정의 연속이다. 오늘은 무엇을 채우고, 또 무엇을 비워야 할까?

파도

　묵호항 근처에 해랑 전망대와 스카이 밸리, 묵호등대 등이 있어서 즐겁게 탐방하며 다녔다. 이곳저곳을 다니다 보니 갈증도 나고 다리도 아파 언덕에 위치한 묵호등대 카페로 가서 휴식을 취하였다.
　언덕 위에 위치한 빨간색 건물로 아기자기하고 예쁘게 꾸민 카페에서 차를 마시며 바라보는 묵호항 앞바다는 앞이 탁 트여 마음까지 시원하게 해주었다. 보슬비가 차분히 내려서인지 운치는 최상이었고 항구와 관련된 노래들을 흥얼거리며 즐기다가 다음 목적지를 향해 차로 이동하게 되었다.

　그런데 갑자기 보슬비가 소낙비가 되더니, 급기야 앞이 보이지 않을 정도로 폭우가 되어 쏟아부었다. 차의 속도를 줄여 천천히 가는

데 방파제 옆 도로가 통제되어 운행을 할 수 없었다. 거센 파도가 바다에서 밀려와 육지를 덮치고 있었기 때문이다. 이런 것을 너울성 파도라고 한다.

너울성 파도는 국부적인 저기압이나 태풍 중심 등 기후변화에 의해 해면이 상승해 만들어지는 큰 물결을 말하며, 바람이 잔잔하다가 갑작스럽게 방파제와 해안가로 너울이 밀려오기 때문에 매우 위험하여 통행이 금지된다.

우리는 주차장에 차를 세우고 방파제에 부딪쳐 오는 파도를 구경하였는데 엄청난 에너지가 우릴 압박하는 것처럼 느껴졌다. 간혹 너울성 파도로 인해 방파제나 해변가에서 사고를 당하는 뉴스를 접하기도 하는데, 실제상황을 보니 그 위력이 대단하여 사고가 날 확률이 높다는 것을 확인할 수 있었다.

사실 파도는 바람과 물 표면과의 마찰로 만들어진다. 물은 바람과 같은 속도로 움직일 수 없기 때문에 물이 올라갔다가 다시 아래로 떨어지면서 파도가 만들어진다. 바람의 속도와 바람이 수면을 따라 불 수 있는 거리에 따라 파도의 크기가 달라진다고 한다.

이번 여행 일정에 계획에 없었던 너울성 파도로 인해 비록 목적지는 다른 방향으로 변경되었지만 특별한 경험을 하게 되었다. 거센

파도가 몰려올 때마다 함께한 가족들은 철썩이는 파도 소리와 함께 함성을 질렀다.

"우와~~와아~~!"

폭풍우가 몰아칠 때 바다에서 출렁이는 거센 파도는 두려움의 대상이다. 그러나 만약 바다에 있다면 파도의 중심에서 집중력을 갖고 파도타기를 하면서 즐길 수 있는 마음을 갖는 것이 중요하다고 생각했다.

우리 인생에도 끊임없이 크고 작은 파도가 몰려온다. 그때마다 나는 하나님 안에서 방법을 찾으며 목적지를 향해 달려온 것 같다. 주님이 함께하셨기에 즐겁게 파도타기를 하며 지내온 삶이 감사하고 감사할 뿐이다.

우리네 마음

"열 길 물속은 알아도 한 길 사람 속은 모른다"는 속담이 있듯이 사람들의 마음과 생각은 헤아리기 힘들다. 차라리 시험 문제나 수수께끼 정답을 맞히는 것이 오히려 쉽다고들 한다.

사람의 마음속으로 들어갈 수 없기 때문에 '도대체 그의 마음과 생각이 무엇일까?' 하고 가늠하기는 하늘의 별 따기처럼 쉽지 않다. 그러나 마음이 같다고 생각하여 공감되는 내용이 있다면 속마음을 다 내보여줄 만큼 침이 마르도록 응수해 준다.

그런 측면에서, 사람들이 나와 마음이 동일하지 않고 가지고 있는 가치관도 다르기 때문에 나와 반대적 입장을 표명하더라도 이해와 관용의 마음으로 받아들이는 것이 인생을 평탄하게 사는 방법일 수 있다. 개인적 입장과 자존심을 내세우며 자기주장만을 강조한다면 공동체의 분위기에 방해되고 서로 서먹해질 뿐 아니라 합의를 이룰 수 없다.

우리는 넓게는 국가, 사회에 소속되어 있고 좁게는 직장, 학교, 가정, 교회 등의 공동체에 소속되어 사회생활을 한다. 올바른 공동체들이 형성되기 위해서는 나와 생각이 다르더라도 서로 상대를 세워주는 일을 해야 한다.

현 시대에는 이 부분이 많이 약해진 것 같다. 개인주의로 인해 자기주장이 강해지고, 위계질서가 약해진 이 시대에 정의와 공의, 정직과 배려는 없어서는 안 될 요소가 되었다.

어디서부터 어디까지 선을 그어야 할지 분명하게 말할 수는 없지만, 우리가 속한 공동체가 아름답고 긍정적이며 정직한 마음들이 모여 서로 일체감을 갖고 행복하게 살아갔으면 하는 마음이 간절하다.

예전에 어른들은 '우리네 인생'이라는 용어를 많이 사용하여 서로 공감대를 형성하며 지내신 것 같다. 참으로 옛 어른들의 삶의 모습에서 배울 점이 많음을 새삼 느끼는 요즈음이다.

인생의 12가지 법칙

작년 초에 아들이 평소 자기가 가지고 있던 가치관에 영향력을 주었다면서 책 한 권을 읽어 보라고 건네주었다. 조던 피터슨의 《인생의 12가지 법칙》이었다. 아들이 읽어보라고 권하기도 쉽지 않았을 것이라고 생각했기에, 책을 받자마자 손에서 놓지 않고 읽어 내려갔다. 공감되는 내용을 노트에 꼼꼼히 기록하면서….

조던 피터슨은 인생의 다방면을 12가지 법칙으로 제한하여 표현하려 했지만 다양한 인생을 이 한 권의 책에서 다 표현하기는 어렵다고 솔직하게 인정했다. 그는 여러 인생 경력을 기반으로 정직하면서도 용기 있게 생활하고, 인간관계에서도 솔직 담백하게 자신의 의견을 제시하며 정직하게 살려고 노력한 사람인 것 같았다.

'혼돈의 해독제'라는 부제가 달린 이 책의 시작에서 그가 말한 내용이 나를 사로잡았다.

사람들은 신념을 지키려고 싸우는 것이 아니라 그들이 싸우는 진짜 이유는 믿음과 기대, 욕망 등이 서로 일치하기를 바라기 때문이다. 그리고 자기 기대와 사람들의 행동이 일치하는 체제를 지키기 위해 싸운다. 그런 것들이 서로 일치해야 모든 것들이 생산적이 되고, 또한 예측할 수 있어서 평화롭게 살 수 있기 때문이다. 그래야 불확실성이 줄어들고 불확실성 때문에 생기는 고통스러운 감정의 혼돈도 줄어든다.

공감하는 바가 컸기에 책을 손에서 놓지 않고 심호흡을 길게 하며 공기를 빨아들이듯 읽어 내려갔다.

그런가 하면 책의 내용 중 많은 부분에서 '거짓말'에 대해 열거하고 있었다. 이는 그만큼 인생사에 거짓말로 이루어진 것이 많기 때문이 아닐까? 그로 인한 해악은 어쩌면 창조세계를 무너뜨리는 세상 종말을 예고하는 것이며, 그것을 향해 나아가는 중일 것이다. 현실에 적합한 많은 이론은 그가 가지고 있는 다방면의 박식한 지식과 경험에서 묻어나온 것이라고 할 수 있다.

이 책은 인생의 여정에 있는 우리 모두가 크게 공감할 만한 내용으로 되어 있다. 그의 철학과 가치관은 신학을 기초로 해서 이루어진 것 같았으며, 본질에서 벗어나지 않고 나름대로 인생에 대한 심오한 진리를 이야기하기에 개인적으로는 공감하는 바가 컸다.

처음에는 지루한 듯했지만 갈수록 의미들이 깨달아지며 삶에 적용할 수 있길 바라게 되었고, 더 나아가 삶의 지혜를 얻게 되었다. 감명 깊게 읽어 주변에 권하고 싶기도 하다.

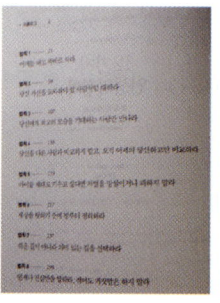 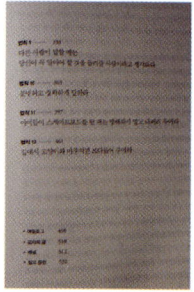

책을 내 손에 쥐여준 아들이 고마웠다.

사랑의 묘약

　《인문학을 하나님께》라는 책을 저술한 한재욱 목사님께서는 글을 쓸 때 마주치게 되는 첫 문장의 어려움을 논했고,《노인과 바다》를 쓴 어니스트 헤밍웨이는 첫 문장을 무려 200번 이상이나 고쳐 썼고,《칼의 노래》를 쓴 소설가 김훈도 첫 문장을 쓰면서 무수한 몸부림 끝에 '꽃은 피었다'가 아니라 '꽃이 피었다'를 선택했다고 고백하였다. 심지어 첫 문장을 쓰지 못하는 사람도 있다고 언급했는데, 지금 내가 그 갈등의 위치에 서 있다는 생각이 들었다.

　설렘과 두근거림으로 망설이는 시간이 너무 길어져 '어떻게 해야 하나'를 수십 번 되뇌다 드디어 오늘 책의 첫 문장을 쓰게 되었다. 40여 년간 쓴 일기 내용을 글로 써보겠다는 것을 버킷리스트로 삼고, 기회가 되면 써보리라 마음만 갖고 있었는데, 근래에는 계속 책을 펴내 내 마음을 전하고 싶은 욕구가 끓어올랐다. 그래서 2024년 2월 마침내 책을 집필해야겠다고 결심하게 되었다.

그러나 또 이렇게 저렇게 시간을 보내던 중 오늘은 세 번이나 책을 써보겠다는 결심이 앞서서 당장 첫 문장을 시작하려는 용기를 냈다.

글을 쓰기 시작하면서 '글을 쓰고 책을 펴내는 것이 왜 중요하지?'라는 생각이 들었다. 그러면서 오로지 일상에서 하나님의 따뜻한 사랑을 전하는 자로 주님 안에서 살아가는 나의 삶을 함께 나누고자 함이 이유가 될 수 있겠다는 생각을 하게 되었다. 그러자 막혀 있던 생각이 터지면서 이 책이 세상에 나오게 되었다. 너무나 평범한 삶이지만 늘 감사하고 지낸 터라, 이럴 때 주어지는 평안의 삶이 어떤 것인지 함께 나누고 싶었다.

질병과 인간관계 속에서 겪는 갈등과 부조리 등으로 나타나는 불안, 초조, 긴장감, 불편한 삶 가운데서도 잠잠히 말씀해 주시는 주님의 음성을 들으며 삶이 긍정과 평안으로 갈 수 있다면 참으로 행복한 일생이 아닐까 하는 생각을 해본다.

믿음의 조상인 에녹이나 노아처럼 하나님과 동행하는 자가 누리는 평안함은, 그들이 오직 하나님께 영광을 돌리며 살았기에 가능하지 않았을까 하는 생각이 든다.

"내게 주신 모든 은혜를 내가 여호와께 무엇으로 보답할까"(시 116:12).

망설임

    매일 책 출판에 대해 짧게라도 기도하기로 하였다. 내가 할 수 있는 것이 없기에 하나님께서 가르쳐 주시는 방향과 방법을 모색해 가려고 한다. '그렇게 하려면 좀더 깊은 기도를 하여 하나님의 뜻을 구해야 하지 않을까?' 하는 생각이 들었다.

    첫째, 신앙에 관한 내용으로만 할 것인가, 아니면 일반인들도 읽을 수 있는 대중적인 내용으로 할 것인가? 만약 일반 서적으로 한다면 하나님께 나아가도록 안내하는 내용으로 해야 할까?

    둘째, 장르별, 수필, 일기, 주제별로 나눠야 할까?

    셋째, 단문으로 가야 할까, 장문으로 가야 할까?

    넷째, 제목으로도 책 내용이 전개되도록 해야 하지 않을까?

다섯째, 읽기 편하고 정보를 제공하면서도 깨달음을 갖게 하여 늘 가까이할 수 있는 책으로 할 것인가?

여섯째, 하나님의 신묘막측하심에 대해 다윗왕이 일상생활에서 하나님을 경외하는 마음을 표현하듯 꾸며나갈 것인가, 아니면 시적이면서 감동을 주는 동시에 감사로 매듭짓는 방식으로 할 것인가?

일곱째, 내용적으로 나 중심이 아니라 독자들의 마음을 헤아려 써 내려가는 배려와 공감이 필요하지 않을까?

아래 내용은 주님과 나눈 속삭임의 내용이다.

"주님! 몇 가지 적어 보았어요! 어떻게 진행해야 할지 가르쳐 주세요."

"숙성아~ 어렵게 생각하지 마라. 그냥 편안하게 네가 평소 생각하던 것들을 글로 옮겨 보아라. 네 생각 중에 내가 있음이 느껴지면 되겠지. 네가 써 내려가는 글에서 독자들이 나를 만나는 것이 필요하지 않겠니? 너는 글로 나의 사랑을 그들에게 전하는 '사랑의 사도'가 되는 것이란다."

"와우~ 주님! 제 인생 5대 목표 중 하나인 '사랑의 사도'가 되는 거라구요? 저의 꿈을 이루어 주시는 거네요? 그러면 '복음을 전하는 자'의 역할도 되겠네요!"

"다 연결되지 않겠니? 글을 씀으로 너의 지경이 넓어질 것이고, 네가 꿈꾸던 인생 5대 목표도 달성해 가리라 생각한다. 네가 나를 위해 살기로 작정한 거 맞지? 그렇다면 나도 너에게 나의 모든 것을 일임하여 너의 역량을 발휘하게 하리라. 난 너의 하나님 여호와니라. 넌 나의 사랑하는 딸 숙성이라는 것이 분명하니 너무 망설이지 말고 있는 그대로 너의 마음과 생각을 글로 써 내려가려무나. 너의 책에 맘껏 담아 보렴. 축하한다, 숙성아!"

"주님! 최고이십니다. 감사합니다…."

맛깔스러운 수필집

가정학을 전공하여 교직에서 가정을 가르치는 교사로 지냈지만 실상 요리를 잘하는 편은 아니다. 손맛이 있거나 레시피를 찾아 나름대로 연구하여 입맛 돋우는 음식을 만드는 분들을 보면 지극정성의 수고가 헛되지 않도록 맛깔스러운 음식들을 만들어 낸다.

때로 구미가 당길 만큼 먹음직스럽게 밥상을 차려낼 때는 주부로서 기쁨을 느끼기도 한다. 가족들이 함께 식탁에 둘러앉아 식사를 하면서 "반찬에서 깊은 맛이 난다" "식욕이 당긴다" "꿀맛이다" "신선하다" "맛깔스럽다" 등의 미각을 표현하면 '다음에는 더 맛있게 해야지' 하며 의욕도 갖게 되며 더 신경을 쓰게 된다.

나에게 글을 쓰는 일은 음식을 만들어 내는 것과 동일한 듯하다.

평소에 먹는 반찬 위주의 집밥을 차리면서 평범한 일상을 보내는 것과 같은 느낌이다. 소박한 식탁을 대하는 가족들에게, 입맛이 돌게 하는 별미의 음식들은 아니지만, 식사를 통해 건강한 생활을 할 수 있어 감사한 마음을 갖게 하는 것과 같다.

사실 글을 잘 쓰는 재주가 있는 것이 아니지만, 일상생활의 모습을 글에 담아 보고 싶고, 진솔하고 담백한 삶의 이모저모를 따뜻하게 표현하여 전하고 싶은 마음뿐이었다. 그러다 글을 써 내려가면서 소원이 생겼다. 깊은 맛이 나는 글을 쓸 수 있으면 좋겠다는 것이었다.

엄마랑 언니랑 딸이랑 며느리랑 아들이랑 사위랑 남편이랑 아버지랑 친구랑 친지들이랑…살아가면서 만났던 분들과 나눈 소소한 이야기와 함께 추억들을 하나씩 하나씩 주워 담아 맛깔스러운 글로 표현하여 우리네 살아가는 정다운 모습을 보여주고 싶었다.

밥상을 차리면서 일용한 양식을 주신 주님께 가족들의 건강을 지켜 주셔서 감사하다는 기도를 드린다. 글을 쓰면서도 단어 사용, 문맥 연결, 문장 표현 등 미흡한 부분이 많기에 지혜와 지식과 명철과 총명함으로 내용을 매끄럽게 연결할 수 있도록 기도하며 준비하고 있다.

맛깔스러운 수필집으로 많은 분이 맛있게 읽어 내려갔으면 좋겠다는 소망을 가져 본다.

"여호와를 경외하는 것이 지혜의 근본이요 거룩하신 자를 아는 것이 명철이니라"(잠 9:10).

"보라 형제가 연합하여 동거함이 어찌 그리 선하고 아름다운고"(시 133:1).

맛깔스러운 수필집을 찾는 모습

카페는

자녀들이 초등학교에 다니던 2002년에 미국에 거주하고 있는 언니와 조카들을 만나고 캘리포니아주를 여행할 겸해 미국에 다녀왔다. 한 달여 머무는 동안 한 주간은 여행사를 통하여 자녀들과 미국 서부에 있는 그랜드캐니언, 요세미티 국립공원, 라스베이거스를 비롯한 여러 관광지를 다녀왔다. 그 외 3주간의 시간은 관광 명소인 유니버설 스튜디오, 디즈니랜드 등을 다녔다. 그때 로스앤젤레스의 언니 집에서 주변 지역들을 바쁘지만 즐겁게 다녔다.

시간적 여유가 있을 때는 주변에 있는 카페에 가서, 아이들은 자기들이 좋아하는 구슬아이스크림을 먹고 나는 커피를 주문해서 마시며 시간을 보내기도 했다. 그런데 아이들과 깔깔거리며 큰 소리로 이야기하다 문득 여러 테이블에서 젊은이들이 컴퓨터로 작업하거나 책을 읽는 모습이 보여 이내 작은 소리로 이야기하게 되었다.

그 당시만 해도 우리나라는 카페 문화가 도입되던 때로 '다방'이라는 곳을 사람들이 약속 장소로 잡고 서로 만나 이야기를 하거나 쉴 수 있도록 꾸며놓았다. 그곳은 인스턴트 커피나 차, 음료를 파는 곳으로 큰 소리로 말하거나 웃기도 할 수 있는 공간이었다. 또 찻집도 술을 제외한 차나 음료를 판매하는 곳으로 서로 대화를 나누며 쉬는 공간이었다.

몇 년 전 대학원에 다닐 때였다. 과제를 작성하고 기말 시험을 준비해야 하는데, 직장을 마치고 또는 주말에 집에서 하려고 하면 집안일이 눈에 들어와 집중이 되지 않았다.

기도하며 '어떻게 해야 할까?' 고민하고 있던 차에 딸에게 말했더니, 주말에 같이 카페에 가서 하자고 하였다. 처음에는 예전 다방 문화가 생각나 "차 마시고 이야기하는 곳에서 어떻게 집중하면서 공부를 할 수 있겠어?"라고 말했다. 하지만 집에서는 집중이 안 되니 어쩔 수 없이 딸이 가는 카페에 따라가 자리를 잡고 앉아 과제를 준비하는데, 주변에서 이야기를 해도 신경이 쓰이지 않고 집중이 잘 되는 게 신기했다.

그 이후 자주 이용하게 되었고, 젊은이들이 카페에서 취업 준비,

과제 작성, 시험 공부 등을 하는 이유를 알게 되었다. 그때 차 한두 잔 값의 가치보다 훨씬 값진 시간을 보낸 것 같아 무척 뿌듯했다.

요즈음은 카페에 가면 젊은이들이 진중하게 작업을 하고 있다는 느낌이 들어, 함께 간 분들과 대화를 나눌 때 나지막이 소곤소곤 말하는 습관이 생겼다.

우리나라도 어느새 각종 차와 음료, 주류나 간단한 서양식 음식을 파는 카페가 소규모로 조성되기도 하고, 대규모로 운영되는 카페도 곳곳에 세워졌다. 심지어 김포에 위치한 '포지티브 스페이스 566'이라는 곳은 기네스북에 오른 곳으로, 우리나라에서 제일 큰 카페라고 한다. 2,190개의 좌석을 갖춘 호텔식 베이커리 카페로, 그 이름은 '먹고 마시고 보고 듣고 기분이 좋아지는 공간'이라는 의미를 갖는다고 하였다. 휴일에는 커피를 마시기 위해 기본적으로 30~40분 정도는 기다려야 할 만큼 사람이 많이 몰리는 초대형 카페다.

워낙 공간이 넓다 보니 좀 큰 소리로 대화를 해도 주변 사람들에게 불쾌감을 주지 않을 수 있고, 한쪽 조용한 곳에서는 충분히 방해받지 않고 작업을 할 수도 있어서, 쾌적한 공간에서 유익한 시간을 보낼 수 있다는 면에서 만족스러웠다. 가족들과 함께 그곳을 방문하여 여유 있게 차를 마시고 대화를 나누며 즐거운 시간을 가진 것이 좋은 기억으로 남아 있다.

카페에서 작업

아들의 충고

생각해 보니 아들이랑 진지한 대화를 나눈 지 꽤 오래되었다. 바쁜 일정의 연속이라 일상의 이야기만 나눌 뿐이었다. 간혹 생각과 가치관에 대한 이야기를 나누게 되면 진지한 주제이다 보니 대화가 끝이 나지 않았다.

오늘 저녁 아들이 오늘은 무엇을 하며 지내셨냐고 묻기에, 책에 담을 내용을 정리하여 적어 보았노라고 했더니, 할 일이 많다고 하던 아들은 자신이 처음 영상 일을 시작했을 때의 경험담을 이야기하며 엄마가 준비하는 책 출판에 대한 다양한 정보를 제공해 주었다. 모자가 서로 성격이 비슷한 면이 있어 아들은 내 상황이 더욱 이해가 된다고 하며 심층면접을 보듯 나에게 몇 가지 질문을 던지고 조언도 해주었다.

1. 어떤 마음으로 시작하였는가?
2. 어떤 목적을 갖고 쓰고 있는가?
3. 주제가 무엇인가?
4. 전달하고자 하는 핵심 내용이 무엇인가?
5. 부담을 갖지 않고 편안한 마음으로 쓰고 있는가?
6. 독자들에게 득이 되지 않을 때는 별 관심을 받지 못해 외면당하는 책이 될 수 있다.
7. 독자들이 흥미를 갖고 읽을 수 있는 내용도 있어야 한다.

학창 시절에 썼던 일기장을 아직도 소유하고 있는 것은 물론이고, 결혼 전부터 40여 년간 작은 스프링으로 된 노트에 꾸준히 써온 글에는 나의 삶의 여정이 고스란히 담겨 있다. 내심 언젠가는 책으로 써보리라는 꿈을 갖게 되었고, 어느덧 그것이 버킷리스트가 되어 책을 내고 싶다는 욕심도 갖게 되었다.

하지만 나 자신이 너무나 지식도, 표현의 능력도 부족하다는 것을 알기에 용기가 나지 않아 머뭇거리다 보니 시간만 계속 흘러갔다.

1. 어떤 방식으로 써야 할까?

2. 장르와 형식은?

3. 노트 내용을 일기식으로 나열해 써 내려가야 할까?

4. 제목에 따라 내용이 연결되도록 해야 할까?

책을 쓰기도 전에 걱정이 앞서 오히려 생각이 멈춘 듯하였다. 그런데 오늘 아들과 잠깐 나눈 대화로 그동안의 염려와 조바심, 불안, 걱정이 사라지고 위로와 격려, 용기로 담대한 마음이 생겨 너무나 신기하다. 아마 책을 쓰고 싶었던 내면의 마음이 힘을 얻은 것 같다. 책을 내는 일에 일종의 두려움 같은 것이 있었던 것은 아닌지….

대학원을 두 곳 다니면서 나름대로 일을 신속 정확하게 처리하는 능력도 생기고, 자신감도 생겼으며, 자존감도 높아진 것 같았다. 논문을 쓰면서 지인들로부터 많은 도움을 받으며 논문 통과하였다. 이런 계기로 할 수 있다는 자신감도 생긴 것 같다.

아들도 이에 응원을 보내며 '언제부터인가 엄마의 모습에서 변화를 느꼈는데, 오늘에야 이해가 되었고, 아마 엄마가 대학원에 다닐 때부터인가 보다'라고 하였다.

아들은 '엄마가 환경적인 요인에 의해 좋은 쪽으로 변화를 받은 것이 큰 장점이 되었다'라고 하면서 책을 쓰는 데 많은 도움이 될 거라며 용기를 계속 주었다. 그리고 "책 쓰는 데 필요한 것이 있다면 무엇이든 적극 협조하겠노라"고 흔쾌히 도움을 자청했고, 기도로 돕겠다고도 했다.

"내 때에 뭔가를 꼭 이루고 완성하려고 하면 무리가 생기고 탈이 납니다.

꿈을 꾸는 사람이 있고, 꿈을 이루는 사람이 있습니다.

주어진 삶에 최선을 다하며 사명 감당하며 살 뿐입니다.

사명을 위하여 성실하게 책임을 다했으면 성공입니다.

성실하게 마지막까지 최선을 다하고 충성하는 것이 하나님께서 원하시는 것입니다."

들보와 티

"어찌하여 형제의 눈 속에 있는 티는 보고 네 눈 속에 있는 들보는 깨닫지 못하느냐 보라 네 눈 속에 들보가 있는데 어찌하여 형제에게 말하기를 나로 네 눈 속에 있는 티를 빼게 하라 하겠느냐 외식하는 자여 먼저 네 눈 속에서 들보를 빼어라 그 후에야 밝히 보고 형제의 눈 속에서 티를 빼리라"(마 7:3~5).

주말을 맞이하여 아들네가 경기도 구리에 일이 있다며 함께 가자고 하였다. 가을 단풍도 보고 쾌청한 날씨에 햇살이 좋으니 따뜻하게 옷을 챙겨 입고 같이 가자며 두 번이나 연락을 하였다. 사실 오후에 약속한 것이 취소되어 다른 날 같았으면 함께 했을 텐데 왠지 몸이 찌뿌둥하며 미열이 있는 것 같아서 몸조리를 해야겠다는 생각을 하여 아내랑 두 사람 잘 다녀오라고 하였다.

이전에 1박 2일로 세 명이 비 오는 날 제천에 가면서 차 안에서 인생의 다양한 부분들을 도란도란 이야기하며 의미 있는 여행길이 된 적이 있었다. 이후 시간이 되면 함께 다니기로 했는데 오늘은 내 몸 상태가 편치 않았다. 근데 왜 아픈지 이유를 몰랐다. 물론 조석 간의 온도차가 있고 쌀쌀한 바람이 불기도 하지만 몸을 단정히 하는 편이어서 열이 나고 아플 이유가 없었다. 곰곰이 아플 때부터 돌아보며 이유를 찾기로 하였고 드디어 문제점을 발견하였다.

사실 나는 다른 사람들의 말을 하는 것을 좋아하지 않는다. 왜냐하면 누구나 장단점이 있기 때문에 되도록 상대방의 장점을 보며 긍정적인 마음으로 살아가기로 다짐했고, 또 그것이 하나님께서 원하시는 인간관계가 아닌가 생각하기 때문이다. 그래서 상대방 앞에서는 이런저런 이야기를 하지만 없는 데서는 하지 않는 것이 마음도 편하게 느껴졌다. 상대방이 없는 데서 이야기하다 보면 괜히 부정적인 요소들이 나오게 된 경우를 경험했다.

며칠 전 어떤 분과 한 주제로 이야기하며 리더 되는 분의 이야기가 나와서 뭔가 2%가 부족하다는 생각을 하면서 그분에 대해 좋지 않은 평을 했던 것이 떠올랐다. 그분은 나에게 잘해 주시고 특별히 문제가 되지 않는데 비방을 했던 것이다. 이것이 근원이 되어 몸이 힘들어지며 열까지 나게 된 것이었다. 이유를 알게 되면서 나의 부족함을 하나님께 고백하며 회개하였다. 주님은 부족한 것이 많은 나를 탓하시기보다 품어주시고 용기와 격려와 좋은 것으로 오히려 덮어주시는데, 나에게 있는 들보는 생각지 않고 상대방에게 있는 티를 흠잡아 이러쿵저러쿵한 나의 모습이 부끄러웠다. 주님께 진심으로 회개 기도를 했는데 놀랍게도 몸이 가벼워지고 열이 내려간 것 같았다.

아들이 목적지에 도착했다고 연락 왔기에, 사실 이런 이유로 함께하지 못했다고 지금은 몸이 나은 것 같다고 고백하니 아들은 "하나님께서 엄마를 많이 사랑하시는가 보다"라고 하였다. 아들도 차 타고 가는 길에 아내랑 대화를 나누며 하나님께서 자신의 길을 인도해 주시는 것이 느껴진다고 하였다. 조부모님과 부모님의 끊임없는 기도를 요즈음 느끼고 있다고 하였다. 하나님 안에서 어떻게 살아야 하는지 기도하며 좌로나 우로나 치우치지 않고 믿음의 길로 가겠다고 하였다.

우리는 함께하지는 못했지만 서로의 경험을 간증하며 모자간에 더욱 하나님 중심적인 생활을 하자며 전화를 끊었다.

진정으로 나를 사랑하시는 주님 앞에는 어둠이 못 견딘다는 것을 체험했고 하나님의 빛은 어둠을 당연히 물리치는 능력이 있다는 것을 확신했다. 그러므로 죄인인 우리는 항상 회개하고 주님 앞에 깨끗하고 정결하며 겸손한 자가 되어야 한다고 다짐하게 되었다.